好的养育
不焦虑

周周 著

北京时代华文书局

有态度的阅读

小马过河（天津）文化传播有限公司出品

第 **2** 部分

孩子"不听话"背后的秘密
当你发现孩子出现问题时，与其责骂孩子，不如先审视一下自己的言行。

第 **3** 部分

妈妈越快乐，孩子越健康

一个人的快乐，来自他对自己生活的掌控感。

第**4**部分

让孩子变得自律和专注的心法
要想改善孩子的问题，得先从父母自身开始。

好的养育不焦虑

自序

养育孩子为什么这么难？

　　我在做咨询和心理辅导课程时，经常听到家长各种无奈的倾诉。

　　七八年前，我也是一个焦虑的妈妈，那时我还没有学习心理学，我在无助时也曾对着苍天发问："为什么要我做妈妈，为什么要给我一个不听话的孩子？"

　　因为我的孩子有严重的分离焦虑，无论是送他上幼儿园，还是去上兴趣课，只要我一转身，就会听到他撕心裂肺的哭声。

　　以当时的状态，我根本无法理解他到底怎么了，反而在心里怨愤道："为什么其他孩子可以好好地学、快乐地玩耍，唯独我的孩子，除了哭还是哭呢？"

可想而知，当我抱着这种排斥心理去养育时，后续问题就越来越大。当孩子觉察到我对他的不耐烦、不接纳时，他对我就有了很深的不满和愤怒，所以我和孩子的关系一度非常糟糕。

我相信此刻正在看书的你，也体验过我的烦恼，或者看到过身边的妈妈有类似的经历。

当我们遇到养育方面的困难时，很容易产生怀疑：为什么父母养育我们那么容易，而我们养育孩子却如此艰难？为什么我小时候那么听父母的话，而我的孩子却跟我对着干？

比如，我的妈妈在经济困难时期生了五个孩子，并且全部养育成人。更重要的是，当时爸爸在外地工作，妈妈不仅要照顾我们五个，还要早晚下地劳动，白天给学生上课——我的妈妈是小学老师。她每天能分配在我们姊妹身上的时间并不多，但不影响我们对她的爱和信任。

现在的我们，一半以上的时间都用来养育一个孩子，可是养育为我们带来的疲劳和烦恼，却是父母无法比拟的。

这到底是为什么呢？根据自身的经验，以及对学员的观察，我找到了以下四个原因：

　　　　　　　　　好的养育不焦虑

第一，我们很难跟上时代的步伐。

有人说，我们这个时代的父母是最艰难的，因为我们来到了一个时代的拐点。七八十年代出生的我们，生活节奏是非常慢的，大街上没有汽车尾气，放学后没有课业压力，记忆中有的只是小伙伴一起谈天说地、丢石子玩泥巴。

可现在这个时代争分夺秒。等地铁时，你不需要费力就会被人潮推进列车；只要孩子有作业没有提交，老师比闹钟还准时，会马上通知你；如果你今天有一份报告没有完成，明天就可能被老板问责，甚至有被"炒鱿鱼"的风险。

要知道，孩子是否能够在快节奏的时代洪流中适应下来并健康成长，家庭的作用至关重要，这对父母的心态和教养方式是极大的考验。

而问题在于，很多人从小受到的家庭教育是简单粗暴型的，我们做什么、不做什么以及如何做，都是听从父母的指挥甚至命令，做不到会被打骂是常态。

打骂在那个年代是有效的。

但是，到了二十一世纪，打骂被贴上了"虐待"的标签，尤其是倡导自由、尊重的教养方式成为主流后。也是从那时开始，我们陷入了迷茫。

一方面，我们要应对快节奏生活和教育竞争带来的压力；另一方面，我们对孩子的态度又要在父母的基础上进行升级和换代。

那么问题来了，我们从小习得的是，父母的养育方式简单直接，以至于我们或多或少会有些心理创伤。然而，我们又要超越自己的父母，给予自己的孩子自由和尊重。这何其艰难！

因此，我们这一代人做父母最困难的地方就是，要用自己极不擅长甚至全新的方式，去养育我们的孩子。

可想而知，这是一个既茫然又混乱的过程。

第二，我们自己的存在状态就不稳定。

近几年，很多关于女性选择艰难的议题经常在网络上出现。有人说："女性无论怎么选择都是错的。当你选择回归家庭，就有人说你不思上进，靠老公养活；当你在职场打拼，又有人批评你不顾家、不管孩子。"

无论是在家带娃，还是在职场打拼，你都可能承受他人的质疑。

我自己也经历过这样的事。我曾辞职在家陪伴孩子三年，当时就时不时听到别人说："你是命好啊，有人养着。"言下之意就是我在家里吃白食。而且大家也不认同你在家里陪伴孩子是有价值、有意义的。

好的养育不焦虑

而当你把孩子托管或交给保姆、老人带之后，人家又会认为你是甩手掌柜，孩子交给别人带会后患无穷，等等。

其实这不仅是社会现象，也应了那句话："无论你做什么，也有人说好，有人说不好。"

重点是，你是在意自己的选择，还是更容易被他人的言论所左右。如果你属于后者，那么你很容易会陷入两难境地。

无论你是在职还是在家，你的生活状态，以及你对自己的接纳程度，都极大地影响亲子关系的质量。

第三，观点相左，隔代养育，都在给我们的养育带来压力。

网络上流行一个词叫作"猪队友"。近几年，夫妻之间也常拿来表达伴侣在养育方面和自己的意见不统一、行动不一致的感受。

尤其是自己在学习如何科学养育，而妻子或丈夫却不积极参与，还质疑自己学到的新技能，这着实让人无奈，甚至生气。

更难的是隔代养育。你要给孩子树立规矩，奶奶就背地里给孩子"放水"；你给孩子吃蔬菜，爷爷却护着孙子："孩子这么小，正在长身体，要多吃肉。"

当孩子犯了错，你要对孩子进行惩罚时，爷爷奶奶、外公外婆更是一个箭步挡在前面，护着孩子。

因为养育观念不一致而导致家庭矛盾、引发孩子行为问题的案例，不计其数。这也给我们养育子女带来了重重困难。

第四，我们不曾有勇气追梦，又如何驱动孩子勇往直前？

提到教育，有一个话题不能忽略，那就是孩子的学习。孩子刚出生时，有人问你："你希望你的孩子未来是个什么样的人呢？"无一例外，大家会回答："我只希望他健康、快乐。"

可是随着孩子日渐长大，你的要求越来越多，也越来越靠近一个核心主题，那就是学习成绩。

当你看到他做作业慢，当你听说他成绩落后于人，当你接到老师家访的电话，你原本的慈祥和包容瞬间便会被愤怒和失望取代。用我一个小来访者的话说："我妈只要听说我退步了，或者我同桌比我分数更高了，就会从'亲妈'瞬间变成'后妈'，真是可怕呀！"

这几年，我和学员讨论最多的话题就是：我的孩子为什么不自律呢？如何才能让孩子努力学习呢？

好的养育不焦虑

大家都希望找到一个妙招，一用在孩子身上，就能让孩子主动地、勤奋地学习，却很少有人探究一个问题：**孩子的动力从哪里来？**

现在这个时代既是竞争激烈、瞬息万变的，同时也是信息爆炸、注意力分散的。因为信息过多，一条接着一条信息都在冲击孩子的眼球和注意力。这是一个让人不太乐观的社会事实。

我们要明白一个道理：**孩子知道自己努力学习的意义在哪里吗？**

周总理说："为中华之崛起而读书。"

可你若用这句话去启发孩子，孩子会说："我们国家很好啊，已经繁荣昌盛了。"

在我们那个年代，努力读书的动机是：知识可以改变命运。

可现在是信息爆炸的年代，你无论想了解什么，只需打开一个门户网站，就能"一网览尽"。所以我们不缺知识。

我们缺少什么呢？我们缺少梦想和创造力。

现在物质充裕，孩子什么都不缺，这反而会让人不自觉失去前进的动力。

而唯有梦想，才能点亮他们的内心。有"教育和尚"

之称的寂静法师说，他曾经每年组织中小学生开展夏令营活动，他从不教孩子们如何读书和考试，但是会启发他们拥有梦想，并不断去重温自己的梦想。

只要这颗梦想的种子播下，这些孩子回到家之后，都会主动学习，积极进取。

奈何我小时候并没有什么梦想。那时我常调侃自己就是一条典型的小咸鱼，对未来没有任何想法，导致我学习状态很差，整天浑浑噩噩的。

当然，还有一些家长在小时候是拥有过梦想的，要做画家、法官、飞行员、歌唱家等，结果都被父母以不切实际为由，残酷地打压了。妈妈说："你怎么可能做得了那个？"爸爸说："别想那些不切实际的，先把你的期末考试考好再说。"因此，孩子就开始自我怀疑："我是不是不配拥有梦想？"

这样一句话会成为挫败的来源，导致孩子失去努力的动力和信心。而到了现在，依旧如此。如果你不懂得发现孩子的特长，或者兴趣所在，你就很容易培养出迷茫困顿，不知道为何而努力读书的孩子。

反之，如果我们能够发现孩子的特长，或者他们的兴趣所在，这将会给我们的养育过程带来极大的推动力。因为孩子的"内在发动机"被启动了，他们就会稳稳地行走

好的养育不焦虑

在追梦的路上，即使没有实现梦想，他的整个生命力，也都会被梦想所激活。

综上所述，若能了解到我们在养育中遇到的困难是由四个方面引发的，那我们对自己的批评也就会转变为理解。

本书将从四个维度陪伴大家成长，力求让大家重构养育模式，在未来的道路上，变得轻松和自信。

这四个维度分别是：

维度一：情绪管理。一个情绪稳定的妈妈，就是足够好的妈妈。

维度二：孩子不听话的秘密。也许过去你只懂得发号施令，或指责，或讨好；但未来你就要学会一种让彼此都舒服、愉快的表达方式。

维度三：提升自己的幸福指数。如果你不幸福，就算你的孩子是优等生，他的未来也很难幸福。因此我们会从多个层面，以及通过孩子的社交和精神面貌，去检查父母的幸福指数，并进行提升。当幸福在家中满溢，孩子就会更加热爱生活，珍惜生命。

维度四：让孩子变得自律和专注，是有规律可循的。当我们习惯关注孩子的问题，并轻而易举给孩子贴上这样或那样的负面标签后，孩子要变得自律和专注就很困难。反之，当我们了解了潜藏在孩子行为背后的消极因素，积极帮助孩子克服那些消极因素，并且亲自示范时，孩子的学习动力就会被激活。

最后，一定要允许并保护孩子的梦想，这是他热爱生活，以及不断超越自我的原动力。

了解这四个维度，也就找到了我们要去实现的四个目标。接下来就让我们朝向这四个目标，一起成长，一起为孩子的发展保驾护航吧！

第 1 部分

父母的情绪是
养育的关键

父母先要爱自己，
才有能力爱孩子。

孩子乖张暴躁，
是因为父母缺乏原则和底线

读者丽丽向我求助："周周，我的儿子经常发脾气，不是把碗打碎，就是把书桌掀翻，昨天直接把电风扇弄坏了。我该怎么办？"

我问："是发生了什么，让孩子开始发脾气的？"

她答："都是一些小事情，比如，叫他吃饭，多叫几遍他就发火。每天晚上让他早点儿把作业写了，他也不高兴。有一天吃饭的时候，我批评他见到老师没有打招呼，大概是我多说了几句，孩子突然就用手臂把一桌碗筷都扫到地上……"

我问："孩子做出这样的激烈行为，你是什么感受？"

她答："我很害怕，担心他有心理问题。"

我问："那你会怎么处理呢？"

她答："我很生气，但又怕吼他后，他会变本加厉，所以什么都不敢做。你说我儿子是不是有心理疾病啊？"

我建议她先带着孩子去医院做个检查，排除心理疾病的可能性。两天后，她反馈给我，说孩子并没有心理疾病。于是我说："孩子经常发脾气，很可能是妈妈自己没有力量，给孩子的安全感不够。孩子感受不到父母的力量时，内心就会恐慌，行为就容易失控。"

孩子的安全感到底从何而来？

如果说人生真有什么起跑线，那么充足的安全感就是最好的起跑线。有了这个，孩子才有行动力和创造力，以后在社会上才有竞争和拼搏的勇气。

那么，这个安全感到底从何而来呢？一个人最初的安全感，来自健全的家庭、相对和谐的父母关系、比较稳定的家庭环境等。

从马斯洛的需求层次理论来说，就是从满足温饱开始，这是最基础的生理安全，然后才是渐进到孩子的心理安全。比如，给予孩子尊重和归属感。针对尊重和归属感，很多人的理解是给孩子无条件的爱。

那么这个无条件的爱长什么样呢？很多人并不知道。

不要把无条件的爱理解为溺爱

包括我在内，过去都曾以为无条件的爱就是倾其所有，把家里最好的都给孩子。

有些父母自己舍不得花钱，但为了让孩子多增长些见识、在朋友面前多些谈资，就把家里仅有的存款给了孩子。时间一长，有的孩子就会觉得父母为自己付出是天经地义的事情。甚至发生过这样的事：有个孩子直接扔给父母一张透支了几万元的信用卡，告诉他们自己买了一辆几万元的山地车，让父母为自己买单。

这就会出现两种后果。一种是父母心甘情愿为孩子买单，孩子对父母的表现很满意。另一种情况就没这么融洽了。随着孩子无理的要求越来越多，父母担心孩子的欲望越来越强烈，于是拒绝孩子的要求。那孩子会有什么反应呢？孩子会很失望、很愤怒，继而理直气壮地指责父母不作为。而当孩子情绪越是激烈，父母就越容易妥协，第一是害怕孩子愈演愈烈，第二是害怕失去孩子。于是，再一次忍痛满足了孩子……

但是，当父母一次次通过掏空和透支自己去满足孩子的需求时，他们会陷入困惑："为什么我的孩子变得欲壑难填？不满足他就翻脸不认人？"根源就在于，父母把溺爱当成了无条件的爱。

真正无条件的爱是什么呢？

其一，爱孩子本来的面貌。比如，你的孩子先天是小眼睛、黑皮肤，是矮小的、内向的，甚至有某些缺陷……你都应该接纳他，爱他。

其二，付出不求回报的爱。所谓不求回报的爱，就是在你能力范围内，不需要透支自己的精神和经济，也不建立在压抑自己和愤怒情绪之上的付出。

举个例子，一位工薪阶层的父亲，在面对孩子提出出国豪华游要求的时候，他会这样回答："我知道你的朋友参加过豪华游，这的确很爽、很拉风。但是，我们家经济条件普通，负担不起这样的旅游。如果我勒紧裤腰带满足了你，我的心理会失去平衡，因为这超出了我的正常消费水平，所以我肯定会在其他方面向你索取些什么，以找回我的平衡。比如，我要求你下次考到一百分，你的钢琴练习每天要增加一个小时等。但我估计你会不同意，那么我们很可能因此产生冲突。"

这样的回答，就是教科书式的、不带伤害的拒绝。孩子知道父母并非不想让自己快乐，而是权衡利弊之后做出的理性回应。孩子不仅会理解父母的难处，还会感受到父母对自己的尊重，可谓双赢。

父母的底线，为孩子的成长保驾护航

在家庭关系排列中，父母和孩子都应该在既定的位置上，父母永远是处在家庭主导地位的，有着不可撼动的权威。假如父母把权威拱手让给了孩子，孩子变成家里权力最大的人，这就会导致整个家庭关系的紊乱。对孩子来说，这并不是福气，而是陷阱。无数家庭培养出不懂得珍惜生活和感恩的孩子，正是因为父母和孩子的位置互换了。父母要建立一条家庭规则的红线，让孩子知道什么可为、什么不可为。

第一，制定必要的规则，并带领孩子执行。

比如，丽丽家就没有明确的规则，她的儿子可以随时和父母顶嘴、摔东西，因为他不需要承担任何责任。

这样是危险的，会导致孩子进入社会后也无视规则，很容易犯下不可饶恕的错误。

家庭里的规则是安全防护网。规则可以少而精，但必须坚定地执行，违背了规则，孩子就要接受一定的惩罚。当然，惩罚是建立在理性范围内的。比如，暂停今天玩耍的时间、写检讨书、去房间独自冷静、取消一次假期旅行等。

另一方面，当孩子遵守了规则，父母要给予孩子鼓励和肯定。

如此，孩子的规则意识就会逐渐建立起来。

第二，父母对孩子的攻击坚决说"不"。

我们经常说，父母先要爱自己，才有能力爱孩子。

当孩子的行为威胁到父母的权益，比如，攻击了父母、损坏了父母的用品等，父母都必须严厉批评："首先，攻击和破坏都是非理性行为，必须杜绝；其次，父母是长辈，不允许你这样不尊重我们。"

当孩子知道家庭的秩序是建立在规则之上的，父母的爱是和某些原则并存的，他未来的换位思考和合作能力都会得到很大提高。

当孩子习惯遵守规则，也习惯给予父母同等的尊重，他会通过父母的认同，体验到自己的价值。

如此，他的安全感就逐步建立起来了。在未来的日子里，父母既无须讨好，也无须恐惧，就能赢得一个情绪稳定、充满力量的孩子。

孩子未表达的情绪，
会成为身体里的毒素

我们从出生开始，就被父母教育"你要乖"。这个"乖"字不仅包含了你不要爬高走低、不要蹦跳吵闹，还包含了你跌倒了不要哭、被打了不要生气，甚至你做噩梦了都不能说害怕。

我的一个来访者 M 说，她看到那种白胡子老头就害怕，身边人告诉她："人家就是胡子长一点儿，又不是妖怪，兴许力气还没有你大，都三十几岁了，你怕什么呢？"

她心里也知道，但身体不配合。最尴尬的一次，是有个客户请她去机场帮忙接一下老父亲，她本来兴高采烈地去了，因为这是提升客户关系最好的机会，结果一接到老人她就全身冒冷汗。

因为对方正好是白发白须的老人。老人看到她热情洋溢，可是她却本能地倒退了一步。奈何没有后路可退，所以她是战战兢兢地把老人带到了客户家里，路上还闯了红灯。

M 问我："我怎么改掉这个毛病？"

我们回溯后发现，这个问题来自她童年未被释放的恐惧。M 小时候，她妈妈是在家里做手工挣钱的，做得多挣得多。为了多挣钱，妈妈就希望三岁的女儿多睡觉，因为只有这样妈妈才有更多时间干活。

然而，M 正值活泼好动的年纪，需要妈妈陪着自己玩。于是妈妈想到了自以为很好的办法，就是吓唬女儿："你不能大声说话，也不能动作太大，否则有白胡子坏爷爷把你带走，就永远见不到妈妈了。"

M 吓得哇哇大哭，扑到妈妈怀里要躲起来。由于妈妈沉迷工作，又把 M 推开，命令她："别哭了，去睡觉就可以了。"

妈妈一边吓唬她，一边让她别哭、别害怕。如此混乱的引导，妈妈就是想让女儿乖乖睡觉，好让自己继续工作。

因为这些经历，M 的身体里埋下了一颗恐惧的种子。

有个男孩 L，在和女友分手后来咨询，说自己失眠影响工作了，想改善失眠状况。我就问他："这个和你分手有关系吗？"

他立即回答："没有啊，我无所谓的。"

我请他闭上眼睛去感受一下，女友跟他提出分手的刹那他身体的反应。结果他一滴眼泪滚落了下来，又闪电般睁开眼睛，用面巾纸擦拭了眼泪。

我问他："对你来说，眼泪代表什么？"

他回答："懦弱，无能。"

回溯 L 的童年：他父亲是军人出身，母亲是老师，所以虽然是独生子，但父母对他要求非常严格，从刚开始学习走路，就要求他跌倒不哭，自己爬起来。

后来考试紧张导致不及格，妈妈就罚他面壁思过，站累了腿发软，父亲就用膝盖顶他一下，让他要有男人的样子。

后来他哭了，妈妈又说："动不动就哭，怎么能有出息……"

他也曾以为，家家户户都是这样的，父母并无过分之处。但正如很多书里说到的，当你心里认为一切合理时，身体却记住了一切。

从一次次父母的伪人性训练中，L 变得越来越"坚强"：熬夜补习功课不喊累；父亲带着爬山差点儿摔到悬崖底下，他不喊害怕；加班累到胃痉挛，他也不喊疼……

直到后来他深爱的女友离开他，他彻夜不眠，这才来咨询。他的目标居然是："我要战胜失眠，好好工作。"

这是典型的情绪隔离症状：表面阳光开朗，内心早已千疮百孔。

樊登曾在其读书会上分享过一则听闻：他有个肿瘤科主任的朋友做了一项调查，就是去调查那些癌症患者的童年经历，结果发现他们几乎都有特别糟糕的童年。

几年前，位于新奥尔良的奥切斯勒诊所发表了一篇论文，文章表明在 500 名连续接受肠胃疾病治疗的病人中，有 74% 的人患有情绪性疾病。

20 世纪中叶，耶鲁大学门诊部的一篇论文中也显示，到医院就诊的病人中有 76% 的人患有情绪性疾病。

在大部分家庭里，孩子是不允许表达情绪的，而这些未被看见和表达的情绪，就会转化为身体疾病。比如，一个焦虑的孩子一直被父母高要求对待，他会发展出抽动症来化解他的焦虑。

还有的孩子有恐惧不能表达，他会通过抽烟、酗酒，甚至其他更加极端的行为来转移他的恐惧。

父母都说，我希望孩子能够健康、开朗。那么，你对健康开朗的理解，是整天满脸堆笑、从无痛苦和烦恼吗？还是说，我希望他是在真实地、有觉知地生活，他可以体验并觉察到所有情绪的到来，并且从小就学会与情绪共处，最终成为一个情感敏锐、内心宽阔且有力量的人呢？

如果你的目标也是如此，那么从今天起，你在应对孩子的所有情绪时，就要有一个念头和一个目标。

念头：这是我让孩子清空坏情绪的好机会。
想法：我要如何稳稳地去接住他的情绪呢？

当你有了这样的想法，你的孩子即使再怎么发作，你都不会轻易地去制止或控制他了。那么，你的孩子将获得奔向健康体魄的两重意义。

确认自己是被允许的

孩子来到这个世界的第一个声音，就是哭。但是没有哪个父母会阻止他说："别哭了，你出生了应该感到高兴啊！"

那是因为他们都知道，随着这一声啼哭，自己升级成了父母。而医生也告诉他们，孩子这么大嗓门，证明他健康、肺活量大。

可随着孩子越来越大，他们如果再哭再叫，父母的理解就千差万别了："你怎么这么脆弱？你就不能坚强一点吗？"

反过来说，如果一个孩子感觉受伤了，他要么哭，要么发脾气。如果父母并不急于制止和纠正，而是默默陪伴他，甚至走上前去拥抱他，孩子就会坚定这样的信念：我是真的被爱，因为在我最痛苦、最困难的时候，哪怕我大哭大叫，我的父母都不会生气。

同时，当孩子观察到自己无论有多么激烈的情绪，父母都能稳稳接住，并给予恰如其分的关怀，那孩子就觉得自己有靠山、有港湾，他的恐惧和焦虑就会减缓，以后对抗困难的弹性也会更大。

把身体里情绪的垃圾清空

心理专家说，我们的情绪也和身体的其他排泄物一样，需要疏通而不是堵塞。我有一个朋友，她在参加一个同学的葬礼时，周围所有人都落泪了，就她无动于衷。

很多人都觉得奇怪，怀疑她冷血。后来我给她做回溯，发现她不是不伤心，而是她表达伤心的通道被堵塞了。

原因是小时候她母亲去世，父亲再娶，继母很凶，不允许她哭闹。六岁时给继母倒茶，她的手被烫出水泡，她本能地哭，结果继母吼她，说再哭就把她关进厕所。

她立即捂住嘴巴一声不吭。如此"训练"后，她自称泪腺不发达，想哭也哭不出来。

愤怒和委屈也是如此。当孩子因为愤怒而喊叫、因为委屈而低沉落泪时，父母应该允许他们这么做。有来访者评价自己的孩子无精打采，我就发现，那些情绪外显的孩子反而更加有活力。

因为每当他们有喜怒哀乐的情绪波动时，他们都会流露出来并处理好，所以他们的身体更加轻松无负担。而那些不善表达情绪的孩子，需要花很多精力去压制情绪，因此显得没有活力。

如果你养育孩子的愿望是期待他们健康快乐，那么你得允许他们哭和笑，允许他们委屈和难过。当孩子的情绪一次又一次被父母接住了、允许了，他们才会认为自己是足够好的、世界是安全的；他们才会更爱这个世界，也更爱自己；他们的人格自然就会很健康，性格自然就会很开朗。

焦虑的父母，
身体里都有负面信念的种子

我做过情绪管理的线上课，参与者都是妈妈。我第一次和她们视频见面的时候，就能感受到她们浓浓的焦虑情绪。

我问她们最大的困惑是什么，有两三个妈妈说：如何在当下这个竞争激烈的大环境里，保持对孩子的无条件支持和接纳？反过来说，就是如何不受周围人影响，做淡定的父母？

我问其中一位妈妈："你觉得怎样做，你才不会焦虑呢？"

她的回答很可爱："当孩子的毛病能改掉，做到不拖延、不发脾气、不偷懒……我就不会焦虑了。"

我纠正她说："很多人都以为是孩子引发了我们的焦

虑，其实不是，而是我们先焦虑，孩子的行为才会出现问题。因为焦虑是一种破坏性情绪，会让孩子体验到不安全、不舒适。"

导致家长焦虑的到底是什么力量？

第一，受到三种意识的影响。

大致来说，我们的行为和情绪受以下三种意识的影响：

第一种是自我意识，也就是主导我们每天思考的显性意识；

第二种是潜意识，就是内化了我们的习惯和内在需求的意识；

第三种是集体意识，就是整个环境、社会意识的集合。

比如，在应试教育环境下，很多家长认可这样一个公式：成绩出色＋习惯良好＝前途光明。

说实话，当看到这个公式的时候，我也感到好沉重、好有压力。可是很多家长却把这个公式当成了育儿的目标和信念，即一定要把孩子培养成出类拔萃之人。这样父母才觉得自己的养育是成功的。而当孩子做不到时，家长就会感到挫败、恐惧和焦虑。

我的读者中就不乏这样的人。他们一方面希望给孩子更多自由，但同时又无法抵抗集体意识的侵蚀，进入一个不断摇摆的状态。

第二，内在本来就有焦虑的种子。

比如，我原来看到哪里有车祸、地震、战争什么的，都会异乎寻常地紧张和焦虑，担心这些事情会发生在自己身上。当我有了孩子，我开始焦虑孩子的饮食、健康、学习等。

很多家长和我有同样的情况，无论他们的孩子多么优秀，他们依旧会让自己处于过度的担忧和焦虑中，然后就滋生出对孩子的控制和指责。

如何突破自我和环境的限制，挣脱过度焦虑的束缚呢？

第一，为自己建立另一个"相信"。

有些人笃信所谓的养育公式，但并不是所有人都如此。

我佩服的郑洪升（郑渊洁的父亲）就别具一格。他不相信别人的逻辑，而是相信自己的孩子，也相信自己。

他相信孩子是有思想的（即使在老师眼里很顽劣），是前途无量的（即使小学都没有读完），也相信自己有能力支持孩子去创造属于他的美好未来。

当这两个"相信"建立起来了，那么他所有的能量都放在成就孩子上面。所谓的能量，第一是主动发掘孩子身上的亮点和优势，就好比发现璞玉一样；第二是激发自己内在的学习力和影响力，将璞玉打磨成独一无二的美玉。

再比如我的一个读者，他出生在农村，当地的生活条件很不好。当地人都信奉唯有读书才能够改变命运，但是这位读者的父亲却不同，他父亲总说别着急，只要肯劳动就不愁没饭吃。而对于自己的两个儿子，这位父亲真心觉得儿子智力正常，又生活在机会多的时代，只要肯努力一定会有出息的。

这位父亲的"不着急"和"机会多"，表现出了他内在的从容以及对世界的信心。也正是他的这两个信念，影响了两个儿子的发展，后来两个孩子都考上了不错的大学，毕业几年后把父母接到城里，开始报答父母的养育之恩。

而当这位读者自己有了孩子之后，他也沿用了父母的信念："我相信只要把我自己耕耘好，我的孩子就能够做好，并且超越我。"

我听了，深以为然。

第二，正向调频，关闭过度焦虑按钮。

记得我在早年饱受焦虑困扰的时候，我的身体出现了很多问题，风湿、慢性胃炎、肋骨炎等，这些都是焦虑外化的表现。当我们总是处在一种紧张和焦虑的环境中时，我们的身体就会出现一系列反应。

当你觉察到你的身体出现紧张和不适、处在低频能量里，请你去找一些可以滋养你的事情做，比如，沐浴阳光、感受微风的吹拂或者运动。这些都是可以提升能量的方法，让自己进入放松的状态。或者通过调整思维模式，达到调动内部积极能量的效果。如果你看到的总是"丧失"和"缺乏"，怎么能变得积极起来呢？相反，当你主动看到自己已经拥有的东西、健康的身体、知心的朋友、收入不错的工作、安全的住房等，那么你的幸福感和满足感就会增强。

一旦你习惯了发现美好，你生活中出现的美好也会越来越多，你的安全感将替代你的焦虑，在你的潜意识里安家。家长的安全感有了，家庭的根基也会变得更加坚固。

因此，在应对焦虑这个社会问题时，我们先要处理自己潜意识的内在环境，给自己的意识调频。然后，让自己抽离消极又对立的集体意识，重新给孩子和自己建立一个积极的信念，相信孩子有能力过好他的一生，相信自己就是他最好的父母。

无论社会如何改变，只要你稳如泰山，你的孩子必将在你乐观和积极的人格魅力带动下，不受外界的影响，茁壮成长。

过度担心，
就是在给孩子做负面催眠

我问朋友乔："你认为什么情绪对养育孩子最为不利的？"

她反问："愤怒？焦虑？"

我说："都不是，是担心。"

乔说："为什么？我生气的时候会做出很多不理性的行为，但我担心的时候至少还是冷静的啊。"

我说："此言差矣。我们可以把愤怒和担心比作发烧和慢性炎症。人的愤怒像发烧，瞬间升起，让人猝不及防，久久不能平静。可是你知道慢性炎症是什么样的吗？慢性炎症，就算是发作起来也不会有大的反应，今天发作了忍一忍，明天就风平浪静，没有症状了。可是没有症状，并不代表它是愈合和安全的。'慢性'两个字，就好比从万里之遥的天边急速奔来的飓风，没有到你面前的时候，你仍能享受风平浪静；可是一旦它经年累月地堆积，直到炎症发生病变，其影响就有如飓风来袭，会将整个人吞没。"

乔说："这和我有什么关系？"

我说："你看看你家女儿丝丝，身体一直不好。虽然跳了三年的舞蹈，但别人打个喷嚏她就病倒了……"

乔说："那还不是因为她早产两周，生出来就比别的孩子弱。也是因为这个原因，我们对她格外呵护。可是她身体一直这样，我也没辙。"

我说："这才是重点呢！因为孩子早出生两周，你就把她捧在手心里，结果怎么样呢？她有没有变得更加结实、健康？完全没有啊！其实不是孩子的身体真那么脆弱，更不是她早出生两周就经不起一点儿风吹雨打，而是你的过度担心影响了她的正常成长！"

听完我的话，乔终于停了下来，然后眼眶发红了。

我认识的一位记者，给我讲了她的一次采访经历。那次采访内容是：八个家庭的子女教育情况。在这八个家庭里，每家都养育了两个孩子。

采访的时候，这些孩子都已经长大成人，可他们的发展却有很大差异：有的家庭里哥哥是高级工程师，弟弟是出租车司机；有的家庭里妹妹做老师，姐姐早早嫁人一直没有工作；有的家庭里姐姐开了一家大公司，妹妹在姐姐单位里做食堂管理员。

记者问这些家庭的父母："你们怎么看待孩子在个人成就方面的差异呢？"

有的父母说："他们个人能力不同嘛，哥哥从小就优秀，弟弟就差一点。"

还有的父母说："他们运气不同，妹妹从小运气就好，姐姐就运气比较差了。"

无论哪种解释，其实都充满了"天注定"的论调，所以父母可以无须检讨自己，更不必为那个发展比较弱的孩子负责。

记者是懂心理学的，就问这些父母第二个问题："你从小对他们的教育有什么不同吗？比如，弟弟开出租车，是因为他小时候喜欢开车吗？或者妹妹在姐姐单位做食堂管理员，是因为妹妹喜欢烹饪还是什么？"

家长之一回答："不是弟弟喜欢开车啊，是他没有哥哥厉害，也没有一技之长。我们担心他找不到老婆，所以出钱给他买了车，让他挣些生活费。"

家长之二回答："妹妹才不喜欢做饭呢，她从小身子比较弱，我们担心她生病就不让她干活。姐姐能干啊，所以我们就让姐姐做她的靠山。食堂管理员虽然挣不了大钱，至少按月发工资，我们也就放心一些了。"

还有个父亲的回答更令人惊愕。他说："我家老大从小就爱做噩梦，经常半夜惊醒。我就担心呀，我中年得女，可千万别出意外，所以一直把她捧在手心里，总算把她养大了。可是也因为从小被娇惯坏了，导致她嫁了几次都不顺利，因为没有男人愿意像我那样呵护她。"

四个回答里，都包含了一个词——担心。

当记者再问到父母对另一个比较有成就的孩子的评价时，他们原本紧锁的眉头就散开了，各自骄傲地说："我们家这个孩子呀，从小就优秀、能干，我根本没怎么管教，他就长大成人了，而且还很独立。"

父母到这里都还认为那是天意，是孩子的命，与家庭教育毫无关联吗？

采访结束后，记者确定了一个观点——父母对孩子是放心还是担心，是拉开两个孩子差距的关键。

通过这次采访，我们看到了担心的后果。那么，这个担心的原因是什么呢？是不信任。

看起来"担心"是一个动词，因为它是持续动态地关注孩子的一个过程；但同时，"担心"也是一种结果，因为父母不信任孩子的能力（或孩子的身体素质），所以就有了担心。

比如，乔因为女儿早产了两周，她就下了一个定义：女儿比别人弱小，需要百倍的呵护。这看起来是一种保护，但超出了正常的范围。而一切超出正常范围的保护，对生命来说就是折损。

有段时间我的身体也很不好，心脏室性早搏很频繁。还有一次半夜去看过急诊，因为当时感觉心脏好像要跳出来了，根本没法睡觉。当时我就把自己定义为体弱多病的人，如今回想起来，一切都是我自己担心出来的。

当我第一次出现心脏室性早搏时，我十分紧张，每天从醒来到入睡前，我都密切地观察着心脏的动态。如果室性早搏来了，我就跟自己说："你看，你又来了吧。"如果不来，我就等来来。这种做法，就和那些不断验证自己的孩子是体弱多病的家长一样。

知道后来我是怎么痊愈的吗？因为我不想做手术，所以我开始调整自己的心态和关注点。我不再频繁关注我的心脏了，为了转移自己的注意力，我每天进行室内冥想、户外慢走。你可能不相信，不知不觉我室性早搏的症状就消失了。

家长过度关心孩子的身体，也会出现同样的问题。如果家长认定孩子的身体是羸弱的，那么他一定会拿出百倍的精力去呵护孩子，做本该孩子做的事。这样的结果就是，家长把一个生命本来有的生机削弱了；与此同时，家长的这种做法会让孩子因为过度保护而变得脆弱、敏感和不自信。

因为孩子从父母眼中看到的自己就是弱不禁风的，这样的他们即使长大了也很难离开父母。不是他们没有选择，而是不敢，他们怕面对风险。

除了对健康的不信任，还有一种不信任会直接影响孩子的前途和人生方向，那就是对他们本身能力的不信任。

社会上有很多"妈宝男""啃老族"，这些群体是怎么形成的呢？如果我们按照道德标准来评判，就会指责这些孩子不思进取，没有良心。可是当我们回看他的成长路，就会看到另一番画面：父母对这个孩子呕心沥血，倾尽全力去满足他、呵护他。但当这些父母对孩子处处包办，甚至为孩子的前途而铺路时，孩子的生命意义已经被大打折扣了。

在这种家庭中长大的孩子，一方面，他们从父母眼中看到了一个"无能的、暗淡的自己"；另一方面，他们就像长久关在笼子里的老虎，纵然基因里有野性和闯劲，也早因为在笼子里待久了而完全磨灭，成为失去进取心和创造力的懦弱儿。

因此，做父母的在学习任何养育知识之前，要先检查

　　　　　　　　　　好的养育不焦虑

一下自己对孩子有几分担心。比如，一想到或一提到自己的孩子，你是神采飞扬，还是眉头紧锁？如果是后者，你最好先处理好自己的担心，这才是限制孩子成长的绳索。只有剪断这根绳索，孩子才会自由，才有机会绽放光彩。

陪伴很重要，
但错误的陪伴是有害的

在亲子关系中，陪伴的重要性不言而喻。

这些年来，我看到了越来越多全职妈妈的痛苦——她们日夜陪伴孩子，可到头来，发现孩子还是存在分离焦虑、爱哭爱闹、行为不良……

因此妈妈们很困惑：不是说陪伴很重要吗？为什么我的时间都搭进去了，孩子却还是有这么多问题？

由此看出，不是一味追求陪伴的时间和次数就能达到预期的效果；相反，如果方法不对，可能会事与愿违。比如，孩子并不那么乖巧懂事，也不那么努力学习，甚至还会顶撞你。于是，妈妈们开始抱怨、委屈、愤怒，她们可能会对孩子说："亏我辞职在家陪你，亏我放弃了自己的事业陪你，早知道你这孩子这么不听话，我就干脆拼我的事业去了……"

这是很多妈妈掉过的坑,先是为了孩子的成长,放弃了自己发展的机会,当孩子的某个行为不符合自己的期许时,她心里的委屈和怨气就会涌上来,积累到一定程度就会对孩子进行声讨。抱怨孩子不懂得感恩、不知道心疼自己的付出,言外之意就是:"我为你做了这么多牺牲,所以你要更加听话、更加勤奋。如果不这样做,你就对不起我。"

但在现实生活中,如果妈妈总是带着这种心理陪伴孩子,孩子很容易感受到压力和负担。压力和负担的副作用就是内疚和自责,孩子会认为是自己耽误了妈妈的前途,毁了妈妈的幸福和自由,自己就是一个罪人。

一旦孩子这样想,他们原本可以用在学习和社交上的能量,都会用来进行自我攻击,久而久之很容易成为"不好的孩子"。

那么,我们该如何做呢?说起来复杂,其实只要做到以下两点就可以了。

第一,为自己的选择负全部责任。

我们经常教导孩子要做一个负责任的人,然而我们却忽略了:比起讲道理,做示范更重要。

最好的示范，就是正视自己的选择，对自己的选择负全部责任。如果你为了照顾孩子而辞职，那你要明白这是你的选择，是为了成全你作为母亲的职责，而不是为了孩子。

我也曾做过三年时间的全职妈妈。这期间，当我看到原来的同事事业蒸蒸日上，自己心里难免失落，于是就不由自主地把希望寄托在孩子身上，希望他能够听话懂事，以弥补我的遗憾。而一旦孩子哭了、闹了，或不听我的管教了，我的心底就响起一个声音："都是你耽误了我的前程，你还这么不听话！"这个声音会直接点燃我的愤怒，而孩子就成了一只"替罪羊"。

因此，这些年我做咨询，都会和来访者确认：放弃工作回家带孩子，是你心甘情愿的选择吗？你能否承担未来的风险？哪怕这种风险是失去在职场的竞争力和本属于自己的社会地位？

但凡你觉得有风险，那就请慎重。除了辞职，你还可以选择请保姆或请家里老人来照看孩子，这两个选择都不会牺牲你的前途；可一旦你认为自己"牺牲"了，你的孩子的安全感和价值感也会赔进去。因为你所有的付出，都会要求孩子买单。

我有个同事曾跟我说，她小时候就是背负着妈妈的指责长大的。我同事小时候身体羸弱，她爸爸就跟她妈妈说："你就别工作了，在家里好生照顾孩子。"

她妈妈接受了这个建议，辞职回家陪孩子了。后来我同事的身体越来越好，但她妈妈也没有急着出去工作，一犹豫就又过去了四五年。后来我同事参加中考时，她妈妈就每天唠叨："你一定要考上重点啊，不然你妈妈这些年可就白忙活了。"

我同事压力巨大，考前发烧，结果考到了当地最差的高中。她妈妈觉得自己这么多年的努力付诸东流了，一个月都不和她说话。所以她从小就学到了两个情绪——内疚和恐惧。

后来她有了孩子，而且是双胞胎，一个大人根本照顾不了。但无论她公婆和老公如何劝说，她就是不辞职，因为她不想重蹈她妈妈的覆辙，把自己的前途和幸福都押在孩子身上，然后让孩子去为自己买单。

事实证明，她的决定是对的。虽然工作忙了一些，但这些年她升职加薪，也算非常风光。与此同时，虽然她陪伴孩子的时间少了一些，但两个孩子倒是对妈妈很佩服，也很信任。

因此，如何选择、如何做、如何面对结果，关键还在自己。不要为了陪伴孩子而轻易放弃事业，如果非做不可，那也要趁着陪伴孩子之际，不放弃学习，为自己重返职场做储备。

第二，把自己最开心的时刻用来陪伴孩子。

我们经常提到"高质量的陪伴"这个概念。一个体验过高质量陪伴的孩子，才能确认自己在这个家庭乃至世界上的重要性。

那么父母如何达到这种高质量陪伴的品质呢？很简单，就是调整你的状态，或者选择你处于最佳状态时陪伴孩子。这里涉及两个细节。

第一，当你状态不佳的时候，你要告知孩子，等你调整好了再来陪他。

第二，当你陪伴他的时候，你的头脑和身心都不要再装其他事了。

我有一个来访者，因为她需要经常出差，很担心和孩子会变得不亲。我就告诉她，既然你选择了这份工作，那就努力工作，把你职场的职责完成好；同样，等你回到家，你就应该把工作和手机都抛到一边，全心全意地陪伴孩子。如果你做到了，你的孩子不会受到任何影响；如果你做不到，那你就需要调整你的工作。

结果她做到了，有一次她要到外省出差半个月，走之前她就告诉自己八岁的孩子，让他学着倒计时。等她出差回到家后，她先是洗了澡，然后睡了个大懒觉。休息好后，她把手机和电脑全都收起来，精神饱满地出现在孩子的学校门口，孩子顿时惊喜万分。

她问孩子："这么久没有回来看你，你怪妈妈吗？"

孩子说："妈妈这么努力，还这么漂亮，我好高兴呢！"

你看，孩子都是很宽容的。

其实这个来访者一个月陪伴孩子的时间也不过四五天，但只要她出现在孩子面前，母子二人的交流就充满了欢声笑语。

孩子看着妈妈努力，自己也默默地效仿。妈妈出差回来后，他经常拿着全优的成绩单给妈妈看。而妈妈看到孩子这么努力，也更加坚定了信心，不后悔当初的决定。

所以陪伴孩子真的是项技术活儿，它不是你花时间就够了。它考验的是父母的责任心、独立意识和身心状态。

如果你活出了自主自由的状态，陪伴孩子时不带过多的期待，那么你的陪伴就会如金子般珍贵。

你越讨好孩子，
他就越不尊重你

很多父母都有类似的感受，就是觉得孩子不懂得感恩。

有两个来访者都说了类似的困惑。

其中一个来访者讲，为了孩子能到重点学校上学，他们卖掉了大三居的房子，买了"老、破、小"的学区房。学区房只有一居室，他们一家人不得不过上"蜗居"生活，同时他上班的距离也比原来远了一倍。所以自从搬家后，他家的生活水平直线下降。但家长付出了这么多，孩子却不买账，学习上也不努力。这位家长说每次看到孩子吊儿郎当的样子就气不打一处来，觉得自己的付出不值得。

另一个来访者说，他们夫妻为了孩子的成长，真的付出太多了。他老婆自从孩子出生后就不上班了，全职在家陪伴孩子。夫妻二人舍不得吃、舍不得穿，但在孩子的教

好的养育不焦虑

育上却从不吝啬，报一个兴趣班动辄上万元学费，一次夏令营的费用也顶他们好几个月的生活费，这些钱他们都舍得花。他们付出这么多，也没指望孩子非要考上清华、北大，只希望孩子能够在更好的环境下成长。可是他们发现，孩子毫无感恩之心，相反，还每天指挥他妈妈做这做那，一旦妈妈哪里做得不到位了，他还大吼大叫。每当这种时候，这对父母就恨得牙根痒痒，不知道该怎么办。

可能很多家长都有过这样的困惑：是不是现在时代变了，孩子也就跟着变了呢？是不是孩子变得不懂得感恩了呢？我认为并不是，而是父母在以下几个方面出了问题：

问题一：父母自身并不是幸福感很强的人

你可能会质疑：感恩和幸福感有什么关系吗？

其实关系很大。如果你觉得自己的生活是糟糕的、不公平的，甚至是悲惨的，那你很可能会不自觉地抱怨和叹气。比如，你可以回想一下，你是否会经常抱怨他人对自己不好，这个"他人"可能是你的领导、同事、父母、亲戚等。一旦你认为所有的问题都是他人的错，那么难免会滋生"是我的命不好，运气也不好"的想法，然后开始唉声叹气……当抱怨成了生活的一部分，你是很难看到生活中美好的一面的。一个人看不到生活中美好的一面，又如何去感恩呢？

曾有个高中生跟我说，他妈妈每天在家都会说她老板的坏话、客户的坏话，他听着就觉得烦。

你看，如果父母本身对生活不甚满意，甚至过多责怪，那么即使你对孩子付出再多，孩子切身体验到的还是你的抱怨和不满。时间长了，孩子很容易习得父母抱怨、唉声叹气的坏习惯。

相反，如果父母对生活充满热情和感激，懂得感恩和付出，那孩子也一定有样学样。也许孩子口头不说，但心里会默默记着。有个孩子就曾对我说，他爸爸特别感恩，对奶奶又很孝顺。虽然表面上他不主动和爸爸亲近，但是每次爸爸过生日，他都会拿出零花钱给爸爸买礼物，因为他知道爸爸是个好人。

问题二：父母按自己的意愿设计孩子的人生

很多父母都会想当然地安排孩子的生活，甚至希望孩子的人生都由自己来做主，小到孩子今天吃什么，大到孩子长大了做什么工作，很多家长都不自觉地替孩子做了选择，替孩子做了决定。

家长开足马力，搜集一切资源和人脉为孩子安排未来，为的是他能顺利地、没有风险地长大，然后过平安的、顺遂的人生。但可惜的是，这些并不一定是孩子想要的。家长付出了很多，孩子并不一定会快乐，而且很可能也不会感激你。

这是为什么呢？首先，他是一个独立的人，即使再小，也有自己的想法和判断，可是家长执意认为只有自己的想法和决策才是正确的，而且不惜为此呕心沥血；与此同时，孩子的想法却没被重视，或者直接被否决了。那么，孩子感受到的就不会是幸福，而是挫败了。

我的一个小来访者本来就喜欢运动，想考体育学院，想以后做健身教练或体育老师。

可是他的父母觉得学体育没有发展前途，所以花了很多钱把孩子送进了重点高中。结果，孩子一点儿运动的时间都没有了，学习也毫无动力，父母就怪他不懂得珍惜，因此闹得很僵。

除了这样单方面给孩子做主设计人生之外，还有一个问题，那就是剥夺了孩子为自己负责和解决问题的机会与权利。孩子摔倒了，赶紧跑过去嘘寒问暖；孩子说累了，自己明明筋疲力尽还去给他按摩；甚至孩子说他在学校被同学欺负了，父母便跑到学校去替孩子做主。这样巨细靡遗的关心，令人担心，因为父母此刻忽略了孩子本身也有他的能力。他有能力学习，有爬起来继续跑的能力，也有解决纠纷、和同学重归于好的能力。

可是，如果父母不信任孩子，就会过度干预孩子的决定。一旦父母开始过度干预，孩子的能力就无法提升，他的依赖心就会越来越强。相反，父母放心大胆地让孩子自己去处理、应对，孩子的成就感自然就产生了。

我一直坚持的观点是，父母不过多干预、不那么操心，孩子就会有更多空间发展他自己的能力；一旦他发展好了，就有了自信，他就有能力爱父母、感激父母。如果他毫无能力，甚至自卑怯懦，他哪里还有力量感激父母呢？光沮丧和无助就已耗费了他全部的心力了。

问题三：父母没有坚持自我，对孩子过度讨好

还有一种不好的思维模式就是，父母把孩子看得比自己重要，把好吃的、好喝的都留给孩子，自己却节衣缩食。

如果家庭有一定的消费能力，让孩子的生活条件好一些并不成问题，但前提是家长要让自己和孩子保持在同样的消费水平。

现实中，很多父母是忘了爱自己的。他们恨不得对孩

子掏心掏肺，却在不断地克扣自己的开支。这样做其实是在暗示孩子："你比我重要，我不重要。"一旦孩子接受了这个暗示，他又谈何感激呢？

如果家长不把自己照顾好，榨干自己去讨好孩子，那孩子的心里是不会安宁的。长时间生活在这样的环境中，孩子很容易产生隐藏的愧疚感，这种愧疚感会让他烦躁、愤怒。

这就能解释"很多父母为孩子付出了很多，孩子却对父母横眉冷目"了。孩子觉得你对他付出太多，他还不起，因此很愤怒、很无助。

因此，只有家长先做出改变，孩子才会跟着改变。

别在孩子面前"演戏"，
被孩子看破了很危险

有一位妈妈带着女儿来找我咨询，想解决彼此间沟通障碍的问题。我安排她们两个人分别进行咨询。

她的女儿小雨，十三岁。我和小雨经过交流建立信任后，她对我说："我很讨厌我妈妈虚伪的样子。"

我心里一惊：一个孩子怎么会这么评价自己的妈妈呢？于是我问她："妈妈做了什么，让你对她有这样的评价呢？"

小雨回答："她可会演戏了，每天对我嘘寒问暖，还炖了各种汤给我喝，就想表现出为了让我能好好学习她付出了很多。我在客厅写作业的时候，她就经常拿本书坐在沙发上看。但是你知道吗？有一次我看她看了两个小时，趁她上厕所时偷看了一下，结果发现才看到第二页……"

我大概知道小雨想表达什么意思了，于是问她："所以你的感受是？"

她说："我觉得我妈太能演了呀。"

说完这个"演"字，小雨埋下头去，两只手不由自主地搓来搓去。

我继续问她："我观察到你说完对妈妈的评价后，头就低下去了，然后专注地搓你的手心，是发生了什么吗？"

她说："我其实也在演戏。为了应付妈妈的高要求，最近作业都是抄我同桌的。上次考试考得差，老师通知开家长会，我愣是编了妈妈住院的理由躲过了一劫。"

当然，小雨的故事并不止步于此。我问她："你评价你妈妈虚伪，除了她装作在看书之外，还有什么可以证明吗？"

她说："最过分的是，我妈妈和我爸爸演夫妻恩爱的戏。他们明明早就不喜欢对方了，我经常早上看到爸爸从书房走出来，妈妈从卧室走出来，明明就是分房睡的，可是他们一见到我就开演了，爸爸问'老婆今天吃什么'，妈妈就假装很亲切地问'老公，你要吃煮鸡蛋还是煎鸡蛋'。可是只要我转身去了卫生间，他们就没有任何交流了，家里顿时鸦雀无声。等我从卫生间出来，他们又开始扮演恩爱，'老公，你的鸡蛋''谢谢老婆大人'……我听了只觉得心里堵得慌，然后胃口全无，只想早点儿出发去学校。"

谈话到这里，我基本明白了这个十三岁的少女为什么要偷拿母亲的钱买很多无用的东西，为什么要半夜起来偷偷玩手机导致成绩持续下滑，还成了班里的"问题女孩"。

等到女孩的母亲咨询的时候，这位妈妈流着眼泪对我说："对于这个孩子，我真的呕心沥血啊。我自己舍不得吃、穿、用，但凡有好东西都给了她。的确，我和我老公早就没有感情了，但为了给她一个完整的家庭，我愣是没有离婚，这种日子有多煎熬，你知道吗？"

我说："听起来你的确过得很辛苦，为孩子付出了很多。但你有没有想过，你做的这些是孩子需要的吗？"

她说："她这么小，怎么知道什么是对她真正有用的呢？所以我只能尽我一切可能去照顾她、支持她。"

这位妈妈的话，听起来让人觉得她好伟大、好无私、好委屈，但这恰恰是她女儿产生抵触和叛逆的原因。

我给这位妈妈提出了一个场景式的问题："现在你想象自己回到小时候，你和你妈妈误入一个荒无人烟的沙漠，你们走了七八天也没有找到食物，于是你妈妈说'要不你吃了妈妈身上的肉吧'。你会如何回答你妈妈？"

她马上摇头否定："这怎么可能？我怎么可能吃我妈妈的肉？"

我问："为什么？"

她说："我是人！我宁愿和妈妈一起饿死！再说，怎么

　　　　　　　　好的养育不焦虑

可能找不到食物？再坚持坚持，也许就能找到吃的了。"

我捕捉到她眼睛里闪过一丝亮光，这令我很欣慰，于是继续追问："那如果换作你女儿呢？你觉得她会不会吃你的肉？"

这位妈妈笃定地回答："她也不会的。她是一个非常善良的女孩。"

这样一场对话下来，这位妈妈最初抱怨女儿不体贴、不懂事、自私自利的观点被瓦解了。

这和女儿学习上不上进、语言上顶撞父母有什么关系呢？

心理学家说："比父母做了什么更重要的是，父母是怎么想的。"

偏偏很多父母有一个迷信心理：我一定要把世界上最好的都给孩子。

于是他们呕心沥血造了以下"三宗罪"：

第一宗罪：明明家里不宽裕，还硬着头皮富养孩子。

曾经在电视里看到过一则新闻，说父亲在外打工回来，一见到孩子就把一年攒的八千元钱全部给了孩子，孩子拿到钱就买了一台最新型号的苹果手机。

父亲说："我没法带他去城里生活，那就给他买个城里孩子都有的礼物吧。"

记者问这个男人："那你自己呢？你平时吃什么、穿什么？"

他答："我吃工地的馒头、盒饭就够了，工地也发服装，我也不用买衣服，所以我花不了什么钱……"

镜头里的男人才四十多岁，腰背就已经驼了，却还在为自己满足了孩子拥有一台奢侈手机而欣慰。我看了却觉得，这种家长自己省吃俭用，然后用物质来替代爱的行为，只会让孩子的精神越来越空洞，自我价值感也会越来越低。

很多孩子的物欲越来越高，不是因为孩子天生贪婪，而是每当他们需要高质量的陪伴和爱时，父母都以物质来搪塞。

咨询者小雨说，她妈妈有一次居然给她炖燕窝，她说"我又不是孕妇"。妈妈夸张地回应"你可是我们的'宝贝'，你的身体最重要"，言外之意就是"妈妈和爸爸都是'稻草'，只有女儿是最重要的"。

可是父母超负荷付出的背后，真的是无私吗？正好相反，父母把孩子当宝，把时间、精力、金钱都押在孩子身上，是因为他们对自己的生活状态并不满意，所以他们想把后半生的幸福都寄托在孩子身上。家长希望孩子能扬名立万，过得幸福。

而孩子一边看着父母克勤克俭，一边又享受来自父母给他们提供的过于丰厚的物质享受，其实他们内心是煎熬

　　　　　　　　　　　　好的养育不焦虑

的、矛盾的。

就像小雨说的，那个燕窝再好，她就是喝不下去，只想呕吐。

第二宗罪：父母明明不欣赏孩子，嘴里却一个劲儿地夸。

当父母知道孩子的自信心很重要时，便一窝蜂地去学习"如何夸孩子"，而且还单纯地认为只要自己坚持夸、每天夸，孩子的自信心自然就有了。殊不知，孩子的自信心必须满足三个条件——父母自身自信的影响、自己过往的成功体验和他人发自内心的欣赏。

但在现实生活中，很多父母本身就不自信，这已经极大影响孩子对自己的评价了。结果他们为了让孩子自信起来，还每天很浮夸地对他们说："宝贝，你真棒啊！宝贝，你好能干！宝贝，你好厉害啊！"

这种夸奖对孩子真的好吗？

我问过一个家长："你真的欣赏你家孩子吗？"

她说："不是你文章里说的吗？越夸越自信，那我就夸他喽！"

从这个回答可以看出，这位妈妈之所以夸孩子，其实是一种策略和手段，希望通过这个举动达到帮助孩子建立自信的目的，但她并没有用心去发现孩子真正的优势在哪里。这样会不会反而让孩子变得盲目自信呢？

第三宗罪：你明明婚姻不幸，却假装很幸福。

这是最大的"罪状"了。很多人认为，只有完整的家庭，才能养育出健康的孩子。

但他们理解的"完整"，只是人数上的完整，却没有形成这个家庭系统中互动模式和幸福指数的完整。

如果夫妻本身感情不好，甚至到了形同陌路的地步，两个人却还要压抑自己的情感要求、追求幸福的可能，而美其名曰"为了孩子勉强生活在一起"——这对大人来说是巨大的牺牲。但是，一旦孩子的表现没有达到他们的预期，这类家长会更觉委屈，从而把这种不良的情绪转嫁到孩子身上。

那么孩子会怎么看待父母，又会怎么看待他自己呢？孩子是会模仿父母的，不说实话，屏蔽真实感受，在生活中学会假装，放弃追求幸福和快乐……更可怕的是，他们还会否认自己的价值，会愧疚自责，因为他们觉得是自己拖累了父母。

做父母的真实一些没什么不好，起码不会让孩子活在伪装的世界里。

父母放下愧疚，
养育才能心平气和

有一位家长通过网络向我提出咨询，他的问题概略如下：

孩子在重点学校上初中，成绩中等偏下。从疫情开始，孩子就在家上网课。但因为自律能力差，就开始偷偷玩游戏，很少运动，学习效率明显降低。他们夫妻俩看着干着急。

如果孩子保持现状，估计要与高中无缘了，所以夫妻俩情急之下想给孩子报个补习班，说是正巧家附近有个 VIP 补习机构，这个机构的老师级别大概是行业内最优质的，但一年下来几门功课的补习费接近二十万元。而离家远一些的补习机构，师资力量也不差，但价格能便宜一半。

他的问题是：我该给孩子选哪一个？

我审视了一下这位家长的问题，感觉这并不是单纯的补习机构二选一的问题，而是要不要通过这样的途径给孩子提分的问题。

　　于是我问他："你有没有征求过孩子的想法呢？孩子怎么看这两个选择？"

　　他说："孩子其实都不想去。"

　　我说："那你就更要慎重了。如果你一厢情愿，孩子会产生逆反心理，在那里敷衍、糊弄、浪费时间。你觉得孩子不懂事、不努力、不珍惜父母的钱，但孩子会觉得你不尊重他，他也根本没让你去给他报这个课……这样势必会激化你们父母和孩子之间的矛盾。"

　　这位咨询者思量了好久，才回复过来一行充满焦虑的文字："那怎么办？我也知道我和孩子的关系本来就不是太好。但我真的看不惯他懒散的样子，对手机比对他亲妈还亲，忍不住就会对他发火……短时间内我们的关系肯定突破不了，可孩子的学习耽误不起啊！"

　　我抓住重点，问："你看不惯孩子，那你看自己呢？你是怎么评价你做家长这个角色的？"

　　这位咨询者回答："我也很糟糕。我真的不懂怎么带孩子，我脾气暴、耐心差，上学时也是差生……"

　　我说："你有没有发现，你让自己成了一个'差评师'？给自己差评，给孩子差评，可能给爱人也是差评。"

这位咨询者同意我的观点，开始反思自己的这一行为。

习惯性给自己差评，会带来怎样的后果呢？

如果一个人长期否定自己，只会带来两样东西——无力感和愧疚感。

因为这类人的头脑里会慢慢形成一种思维模式：我就是这么一个失败的人，什么都做不好，没有能力改变现状……这种观点一旦形成并固化下来，无力感会特别强。

具体到养育孩子的问题，我听过这样一句话："亲子之间，爱的反面是愧疚。"我很认同这个观点。如果一个家长对自己家长这个角色经常给予差评，他除了会产生无力感，还会产生愧疚感，因为他还有个恐惧：自己又不像其他家长那么优秀，不像其他父母那么会赚钱，所以不能给孩子更好的教育和生活条件。孩子不优秀，全是自己的问题……

如果一个家长在养育孩子的过程中，一直认定自己不是个好妈妈、好爸爸，一直责怪自己、贬损自己，那就不是在爱孩子，而是在害孩子。

为何这么说？因为当你带着愧疚和自责在养育孩子的时候，你会给孩子带来以下三种恶劣影响：

不安全感

有些家长可能有这样的体验，无论你对孩子是严厉还是温和，当你开始质疑自己做得不够好的时候，你心里就会滋生不安。你总觉得自己是错误的。

我有个来访者，她其实挺优秀的，尤其是工作能力很强。但她就是觉得自己教育孩子不够好，所以她到处去取经，今天问朋友，明天问同事。加之她每天都会阅读亲子教育类书籍，结果各种说法在脑子里打架。

当她表扬孩子的时候，她可能突然想起哪个专家说的对孩子不能表扬太多，于是就又赶紧打住；当她批评孩子的时候，她可能突然想起某位同事说这容易给孩子留下心理阴影，于是她又赶紧给孩子道歉……

从语言到行为，这位妈妈每天就这样摇摆不定，很容易给孩子带来心神不宁的感觉。孩子会觉得妈妈是不稳定的、缺乏主见的和慌张的，所以孩子自己也会感到茫然，失去安全感。

不信任感

如果你都不能相信自己是个好爸爸、好妈妈，那么你的孩子怎么能信任你呢？就像这位来咨询的妈妈，她自己的事业明明做得很好，各方面也很优秀，但就因为她在孩子小时候忙于工作，缺少对孩子的陪伴和培养，所以这位妈妈一直心怀愧疚。而且每当她看到孩子某些不良习惯时，就会自动归因于自己当年陪伴孩子太少。

若她的愧疚感一直在那里，就很难在孩子面前建立起威信。换句话说，她是因为对自己的错误认知把自己的形象变得矮小了，从而只能通过顺从甚至溺爱的方式来讨好孩子。

比如，她明明看到孩子玩了很久的手机，由于愧疚感的存在，就忍耐不去提醒。再比如，她看到孩子足不出户，完全不像自己那样喜欢运动，也只是轻声建议，不敢多言，生怕孩子会反感。

而孩子的感觉怎么样呢？孩子的确不喜欢"一言堂"的父母，但这并不代表他们就需要一个围着他们转、没有主见的父母。

我曾在家庭系统排列的课程里提到：父母一定要注意，无论何时何地，你永远是父母，是孩子的权威。家庭的运转其实是父母推动的，不能依赖孩子。

当父母充满愧疚，从而削弱了自己的力量时，孩子在内心会想："你反正也不是一位好妈妈，凭什么要求我做好孩子？"因此，一旦孩子"识破"了你的愧疚，你就很难让他信服和信任你了。

自卑感

父母不自信，总是自我否定，觉得自己没有给孩子一个好的环境、好的教育起点，又怎么能指望孩子相信自己可以良好成长甚至成功呢？

有个女孩曾经跟我倾诉，说她妈妈虽然好脾气、不发火，但她妈妈也很少有亲密举动。

有一次家长会，老师点名要她妈妈留下来，说孩子学习态度不好，上课走神，让家长找找原因。没想到她妈妈当场低下了头，一个劲儿说自己不是好家长、没文化，也不擅长引导，给老师添麻烦了。女孩当时就觉得很丢脸。

从那以后，这个女孩就感觉在老师、同学面前抬不起头来，因为她感到自己的妈妈形象太低矮、太无能了，自己也跟着变得卑微了。于是这个女孩变得十分自卑，而且讨厌别人问自己关于妈妈的任何问题。

因此，如果你的孩子不自信、不听话或不信任你，并不一定是你真的做错了什么或错过了什么，很可能是你对自己这个角色太不认可了。反之，好的父母并不代表一定要学富五车、满腹经纶、家财万贯，而是他们都具备一个基础条件，那就是：无论我们是谁，成就如何，曾经做过什么，我们都是孩子最好的父母。

有了这个基础认知，我们再稍加进修，就有机会成为了不起的父母了。

无条件的爱，
其实有个先决条件

读者 C 先生前天在微信里对我说："什么无条件的爱，就是一个骗局！这样只会让孩子蹬鼻子上脸，越来越无法无天！"

C 先生的儿子今年十四岁，去年迷上游戏，每天晚上不睡、早上不起，一个月里上学迟到六次。

老师请家长到学校谈话，话里话外的意思是：孩子早上迟到、上课开小差，你们家长是怎么管理孩子作息时间的？

C 先生听了心急如焚，回家就训了孩子一顿，不仅没收了孩子的手机、电脑，还把孩子的课外书也扔了。

C 先生这样发了一通脾气后，他发现孩子的确变乖了，早上也能早起，晚上也会主动写作业，还不顶嘴了。但后来他发现孩子精神恍惚，每天总是耷拉着脑袋，一问才知道孩子已经失眠一个月了。

C 先生带孩子去精神科做检查，检查结果吓了一跳——轻度抑郁。

医生建议学校和家长一起给孩子减压，比如，老师给孩子的作业减半，家长要营造温暖的家庭氛围，不要对孩子有过多期待和指责等。

孩子生病后，C 先生有一天在公众号后台问我："如果你的孩子得抑郁症了，你会怎么办？"

我说："我会无条件爱他、支持他。"

他很快回复："我知道了，谢谢你。"

因为他当时并没有加我微信，所以我没法和他核实他到底知道了什么、决定怎么做。

然而一个月后，就发生了文章开头那一幕——他加了我微信来质问我："无条件的爱就是一个骗局。"

他以为我会反驳他，但我不仅没有反驳，还附和他："是的，对于 99.9% 的人来说，这就是一个骗局。"

因为如果盲目听信这句话，就很容易造成以下三种误导：

误导一：以为无条件的爱，就是指对孩子不要有任何的期待。

误导二：以为无条件的爱，就是允许孩子犯错，并且不要承担任何责任。

误导三：以为无条件的爱，就是给孩子提供最好的物质环境，但不需要他付出。

C 先生说："从字面来看，不就是这个意思吗？所谓'无条件'，不就是不能对孩子有任何要求和期待，而是要全心全意地去爱？"

我问他："你是怎么做的呢？"

他说："我儿子不是抑郁了吗？老师给他减了一半作业，我就干脆帮他把另一半作业也完成了；之前我没收了他的手机，现在他生病了，又不愿意出去社交，我就把手机还给了他，想着他能从游戏里获得快乐也好；而且我还把自己的工作时间减少了很多，希望能腾出更多时间在家里陪他……"

我说："这不挺好的吗？你做得很好啊。"

结果 C 先生发来愤怒的表情："精神是好了，也能吃能睡了，但作业还是不做，早上还是起不来床，而且手机从不离手了！"

我说："这个结果也在我预料之中。"

因为就像我对 C 先生说的，对 99.9% 的人来说"无条件的爱就是一个骗局"，只有对剩下那 0.1% 的人来说这个说法才成立，因为这句话不是教育的策略，也不是类似"正面管教"里的工具，它玩的是心法。

这个心法，简单概括，就是要有以下三个信念：

第一，你要绝对相信自己的孩子就是十分优秀的。

我看了一本书叫《活好：我这样活到 105 岁》，作者是日野原重明，日本皇室家庭医生，出过两百多本书。但是他提到自己成长经历的时候，就强调母亲的伟大。

他说自己小时候，母亲一直没主动教他读书写字。当他看到哥哥会写字，好像很厉害的样子，就很羡慕，随后缠着妈妈教他。

要是换作其他妈妈，估计兴奋得恨不得废寝忘食地教孩子写字吧？结果重明先生的妈妈居然拒绝了儿子的请求，还说"等重明长大了自己学吧"。

重明的妈妈还有一个信念——坚信重明是那种不用管就会自觉学习的孩子。而且妈妈经常把这句话挂在嘴边，导致重明日后也坚信这一点，上学后很自觉，也很爱学习。

长大后，重明功成名就，但只要别人提到他的成就和发展过程，他都认为那一切的发生，都和妈妈当年对他无条件的信任有关。

我讲这个故事，就是想说如果要给孩子无条件的爱，其实有个先决条件，那就是家长要无条件信任你的孩子就是优秀的。如果家长内在没有这个信任，却突然放手不去管孩子，孩子依然感受不到信任，这样的放手其实是放弃和放任。孩子要么认为父母是不再管自己了，可能会破罐子破摔；要么就是认为父母搞不定自己了，他们可能会变本加厉，将自己的恶习升级。

第二，不需要你的孩子为你撑门面。

那天和一位闺密聊天，提到了"内心结实"的概念。

她举例说，脆弱的父母，他们的情绪会反复无常，是无法真正滋养和支持孩子的；他们因为自己的价值感都摇摆不定，所以需要孩子扮演懂事的角色来让他们省心省力，更希望孩子有优秀的成绩可以为他们带来虚荣。遇到这样的父母，孩子多半会早熟，而且一定会发展为外求、讨好的那种行为特质。

如果父母是"内心结实"的，那他们的孩子就会感受到一个特别重要的东西——自由。

如何做到"内心结实"？我拆分为三个特质：柔、稳、静。

柔，指态度柔和，代表他们的内在是宽厚而有力量的。

中医里提到，真正的强不是脾气暴躁激烈之人，而恰好是那种说话柔声细语，但是有穿透力的人。这类人中气足、精神满，从身体到声音都柔而有力。

教育孩子如何做到柔？那就是即使孩子犯了错，也尽量不要怒吼，而要低声教育；孩子在低声中感受到被尊重，那他们改错的动力也会更足。

稳，说的是内在价值感稳定。

脆弱型的父母，一旦看到别的孩子某些方面优秀，对比自己的孩子就会自惭形秽，价值感、自尊心会受挫，焦虑就会滋生。他们化解焦虑的方法，就是给孩子施压，告诉孩子别人家孩子有多优秀，从而把焦虑转嫁给孩子。而价值感稳定的父母，他会客观欣赏别人家的孩子，但这不会影响他认可自己家的孩子。

另外，面对外界对孩子的否定，两类家长的反应也是不一样的。如果有人否定自己的孩子，或说自己的孩子哪里不好，低价值感、脆弱型的父母就会特别受伤，觉得颜面扫地；而价值感稳定的父母，则会客观地分析，不会轻易被他人影响而改变对孩子的信任和态度。

静，是指内在的杂音特别少。

家长对孩子的态度要具有一贯性和一致性。

所谓一贯性，是指家长一旦给孩子建立某个规则，就要执行到底，不要朝令夕改，否则会让孩子无所适从。

所谓一致性，是指家长内外是统一的、协调的。他会真诚地和孩子相处，这类家长有情绪、有意见也会和孩子表达，所以孩子在这类家长面前会感到非常安全和自信，因为父母把他们当作独立个体来尊重，而且从来不蒙骗他们。

第三，相信自己就是孩子最适合的父母。

很多父母提到自己的孩子时都不自信。和这些父母深聊就会发现，其实孩子的不自信是被他们影响的，因为他们比孩子还要自卑。他们对自己做父母这件事都不太认可。

比如，他们会这样评价自己：我陪伴孩子太少，导致孩子安全感不够；我不会启发孩子，所以孩子学习能力差；我事业不够好，如果我是比尔·盖茨，我儿子肯定能有更好的条件……如果家长一直有这种想法，甚至在孩子面前表达出来，那么孩子可能真的认可这种想法，他怎么能优秀和自信起来呢？

相反，如果家长能够先认可自己，坚信自己就是最适合孩子的父母，这份自信会带来笃定，家长就不会左右摇摆，孩子也不会怨天尤人。如此，是不是更容易让孩子形成自信的性格呢？

所谓无条件地爱孩子，不是放弃所有原则和要求，也不是因着某个目的而假装无条件爱孩子，结果又在暗中观察，等待孩子自动发生某种奇迹。

　　这是一个内在状态的彰显，是那种对自己和孩子都双重信任的稳定状态。所以，如果你把它理解为是一种神奇的技巧、一种养育策略，那你一定会上当，你的孩子会被你耽误。而当你的内在真的稳定有力了，你对孩子的爱也就真的没有附加条件了。

第 **2** 部分

孩子"不听话"
背后的秘密

当你发现孩子出现问题时，与其责骂孩子，
不如先审视一下自己的言行。

你的双重标准，
是导致孩子不听话的原因

经常听到一些家长抱怨孩子"不听话"："我的孩子向来我行我素，和他说什么就像对牛弹琴，说什么他都不听……"

我相信所有父母都有过这样的经历：你希望他好好学习，他却把时间都花在打游戏上；你希望他早睡早起，结果他睡到日上三竿；你希望他言出必行，结果他出尔反尔……于是你开始不满、焦虑甚至愤怒，然后是说教、指责甚至打骂。

但你会发现，体罚孩子除了会破坏亲子关系，对解决孩子的问题毫无作用。

心理学家调查研究发现，如果家庭教育只在行为表面上做文章，就如同打地鼠一样，貌似将一个问题消灭了，却发现另一个问题又冒了出来。你以为是孩子无可救药了，其实是你忽略了一点——你忘记反思自己是怎么做的了。

你希望孩子成为什么样的人？

如果我问你："你希望孩子成为一个什么样的人？"

也许你首先想到的是"只要他健康快乐就好"，但接下来你就会忍不住说希望他当学者、教授、科学家、飞行员、宇航员……

那么问题来了，你为什么给孩子立这些目标呢？如果深挖下去，就会发现这些所谓的人生目标，很多都是你不曾实现的理想。

父母大都认为这是为孩子的前途着想，但潜意识里是在让孩子替自己完成未完成的理想。

可是我们忘记了，我们自己都不曾走过的路和没有到达的彼岸，又如何引领孩子到达？

比如，有个读者说："我对孩子要求不高啊，就想要她钢琴过八级，普通话达到一级。"

可她的孩子死活不愿意弹钢琴，学了半年普通话，z 和 zh 的发音还是搞不清。

后来我问她："这些你自己都做到了吗？"

她的回答很可爱："就是因为我没有做到，所以希望孩子做好啊。"

这就出现两个概念：一个叫作不合理期待，就是把自己做不到的强加到孩子身上，让孩子替自己去实现；第二个叫作潜在的焦虑，因为自己曾在某个地方失败过，又对那个失败不能释怀，所以希望孩子替自己成功，以此来安慰那个曾经失败的自己。

所以，如果你给孩子树立了一个人生目标，发现他无论如何也做不到时，你估计就是陷入了这两个概念里。

你想要孩子做到的事情，自己做到了吗？

除了让孩子替自己完成不切实际的理想外，父母还有一个奢望，就是希望孩子在具体行为上超越自己。

我有一个读者说她想离婚，还说老公对孩子极不负责，导致孩子很叛逆，经常在外面打架斗殴。

虽然我认同父亲陪伴孩子很重要，但我知道这不是引发她儿子频繁打架斗殴的原因。她儿子在外面动辄打架斗殴，是因为夫妻二人都很暴力，经常在家里互相打骂。而他们却希望自己的孩子在外面要斯文、有礼貌，这显然是非常困难的。

我有个朋友说："我家孩子总是跟大人顶嘴，从来不愿意承认错误，这让我非常恼火。"

我问她："你平时做错了事情，是怎么向别人承认错误的呢？"

她的答案是："我一直都认真仔细，根本不会做错事情，所以我不需要道歉。"

这就是矛盾点——是人就会犯错，如果大人在犯错后认识不到自己错了，却要求孩子敢作敢为，那么孩子的理解就是：承认错误是可耻的，所以无论我做了什么，我都要据理力争，甚至狡辩。

心理学家李子勋曾说："在孩子的头顶，有父母情绪和行为的接收器。"简单说，就是孩子会模仿父母的一切。父母即使在语言方面无数次教导孩子要如何做、如何变得更优秀，但只要父母自己没有做到这些，他们的孩子基本也做不到。因为无论是出于对父母的忠诚，还是无意识地效仿，结果只有一个，就是父母做什么，孩子就跟着做什么。

关于这一点，我有个朋友给我讲了一段她自己的经历。她说她一直要求孩子早睡早起，但她自己却经常等孩子睡着后又爬起来追剧。她以为这样没有问题，结果有一天她接到老师的电话，说孩子在课堂上睡着了。我这个朋友感到很奇怪，就偷偷观察孩子夜间的睡眠情况，结果发现每次她偷偷起来到客厅去追剧时，孩子也会起来玩玩具。这就是神奇的亲子同步效应。

作家麦家也曾讲过类似的经历。他说他儿子在青春期的时候，有两年不愿意和自己讲一句话。无论他如何靠近儿子，儿子依旧视他为仇人。直到后来他回忆自己的成长经历，想到自己也曾和父亲几年里都是零交流，才恍悟孩子完全拷贝了他自己的成长道路，这才放下了对儿子的谴责和批判。

通过这两个案例，我就是想告诉各位家长，当你发现孩子某个行为有问题时，你不妨先自省一下，反观自己和爱人，看看你们身上是否出现过同样的问题。

放下双重标准，和孩子一起克服成长的困境

在工作时，很多人可能有过这样的体验：如果领导在公司无所事事、打电话聊天，与此同时却要求员工认真工作，员工可能嘴上不说什么，但内心一定会不服——凭什么！

家庭中也是这样的。父母是孩子的榜样。父母自己都放不下手机，却要求孩子远离手机游戏；父母每天买买买，却要求孩子勤俭节约；父母经常吵架，却要求孩子斯文礼让；父母忧郁消极，却要求孩子乐观开朗……面对这样的

要求，孩子内在也会有同样的想法——凭什么！

我就有过这样的经历。我儿子写字困难，我就逼着他多抄多写，还义正词严地说勤能补拙。后来我回忆自己小时候，写字也是同样马虎潦草、握笔困难，我就知道我正在犯一个错误，那就是用双重标准去教育孩子。

当我意识到这个问题时，我开始接纳他在写字这件事情上的力不从心。后来我发现，我的态度转变后，虽然儿子的字迹仍旧有些潦草，但他的态度却少了抵触。

奥地利社会学家鲁道夫·斯坦纳曾说："所有的教育，都是自我教育。"孩子在环境中教育他自己，父母则是孩子成长环境中最重要的部分，所以我们要尽可能为孩子营造一个轻松积极的环境，孩子才能借由这个环境，自由把握他们的命运。

做父母的要尽量在孩子面前做到真诚和坦然，千万不要以双重标准给孩子制造混乱。

当你发现孩子出现问题时，与其责骂孩子，不如先审视一下自己的言行。当你不断地进行自我调整和管理时，相信我，你的孩子也会自动开启调频，不断靠近你，向你学习。

父母抱怨越少，
孩子对生活的热情就越高

　　我经常问家长一个问题："你的养育目标是什么？简单说，就是你希望你的孩子将来成为一个什么样的人？"

　　其实很多家长的第一反应，都会提到两个关键词——乐观和坚强。

　　可是，如果我继续问他们："如果十分为满分，你的孩子目前在乐观坚强方面，你给他打几分？"

　　有的家长就开始抱怨："唉，现在的孩子为什么这么脆弱呢？遇到问题特别容易退缩，是不是我们把他保护得太好了？"

　　还有一位妈妈说："我觉得我家孩子一点儿都不像我。我在工作上很能吃苦啊，我从来不会轻易放弃，为什么我家孩子遇到点儿困难就退缩，动不动就在那里哭鼻子呢？"

难道这些孩子真的得了"时代病"，变得消极和脆弱了？

我要说的是，如果这句话变成了一个普遍认知，那就十分危险了。它会让父母认定，自己的孩子不够坚强乐观是时代的原因，而这个又是不可变量因素，那父母就会放弃努力，孩子也就会被永久贴上"脆弱""消极"的标签。

其实，我建议大家回到家庭里去观察和寻找原因。毕竟对孩子来说，相比社会这个大环境的影响，家庭对他的影响才是更直接和深远的。

所以，如果你发现自己的孩子有脆弱和退缩的表现，我建议你从以下三个方面进行自查：

第一，当你看到"牛娃"时，你能否立即拿自己的孩子去比较？

在孩子眼里，有个全世界公认的敌人，叫作"别人家的孩子"。

我经常问前来咨询的家长一个问题："当你去学校开家长会，或者参加孩子们的聚会时，你会不会羡慕别人家的孩子？当亲戚朋友评价你的孩子时，比如，某个爷爷说'怎么我孙子那么内向啊''他考试为什么不如哥哥姐姐好呢''你看看他长得那么瘦小'……你的反应是怎样的呢？"

为什么这么问？因为很多家长很容易被别人影响。他们看到别人的孩子在某些方面比自己的孩子出色，或者别人指出你的孩子身上的某个"缺点"，马上就心慌了。他们一旦在外面看到其他孩子有某项优势，就觉得没有教育好孩子；如果再听到亲戚朋友评判自己的孩子不够好，他们就更加自惭形秽了。

　　更可怕的是，很多家长会把这种压力转嫁到孩子身上。回到家，家长就开始对孩子进行说教。

　　"你也看到了，隔壁家小明、小花都比你优秀。你再不努力，就连人家的头发丝都比不上了……"

　　"你爷爷、奶奶都不喜欢你了，说你一大堆毛病，我听着都烦死了。"

　　这么说能解决什么问题吗？当然不能，反而暴露了父母的慌张和脆弱。父母害怕自己的孩子和别人家的孩子做对比，是因为对自己、对孩子的信心不够。他们一旦看到其他孩子的优势，就自动把自己的孩子贬低了。这是何等脆弱？

　　另一种脆弱，来自把孩子任由他人来评判，让孩子赤裸裸接受他人的定义，而且还无条件地认同。

这是多么可怕的事情。在我看来，我的孩子是什么样子，我自己每天近距离接触，都不能说已经完全了解，那些"外人"怎么可能准确地将他定义呢？

所以通常情况下，对于"外人"对自家孩子的评价，如果对方说的是孩子的优点，我会说声"谢谢"；如果对方说了孩子的所谓不足，我也不太会往心里去。

如果连你都不相信自己的孩子，那么孩子的乐观又从何而来呢？

第二，当孩子发脾气时，你会被吓到或被激怒吗？

我先讲一段自己的经历：在我的孩子还小的时候，我特别容易被他激怒，因为我是一个非常焦虑的人。焦虑是一种持续耗能的状态。因为能量低，所以我特别渴望孩子听话、乖巧，这样我就没有什么负担了。

当然，这是痴心妄想。孩子都是有自主意识的，一旦他发了脾气，打破了我的期待，我就会瞬间被点燃——我曾经一度以为，这是我作为父母的力量的象征。

不断成长后才发现，我这么做，其实是不堪一击的表现。我以体力的优势彰显自己的力量，把恐吓和指责当成权威，后来我从孩子不满的眼神里读到，其实我比他还要脆弱。

做咨询时我也发现，很多父母都无法应对孩子的情绪，孩子以暴躁易怒或沉默不语来表示对父母的不满。而父母的内心则会掀起两层波澜：

一是觉得委屈，自己为孩子付出那么多，孩子却以怒相对，真是令人心寒。

二是恐惧，认为自己养育了一个不正常的孩子，孩子这么喜怒无常，将来能有什么出息呢？

这两层波澜足以吞没父母对孩子未来的信心，让他们陷入无助。而在孩子眼里，父母如此容易被打倒，对他们来说又何尝不是比地震还可怕呢？

如果父母连孩子的情绪都接纳不了，那么孩子进入社会，又如何敢表达自己的情绪，以及应对他人的情绪呢？尤其是在冲突面前，他们哪里来的经验和勇气去自我保护，或者从容化解呢？

有一次参加聚会，其中有个孩子的优秀我早有耳闻，学习成绩非常好，长得又高又帅，还打得一手好篮球。

那天他是跟着妈妈和妹妹一起来的。当我们聊到青春期孩子的变化时，他妈妈笑嘻嘻地说："我儿子现在也说不得呢，一说就急！"

结果她儿子听到了，当场翻脸，直呼妈妈的名字："×××，不要在别人面前说我，你管好你女儿就行了！"

换作是你，你会有什么反应呢？反正这个妈妈压根儿就没有生气，而是以一副尽在预料之中的表情说："看到没，你们不要惹青春期的孩子呀！"说完自己就笑了。

我特别佩服这位妈妈，因为她真的足够坚强乐观。她不会把孩子一时的行为推上道德评判的高度，更不会脆弱到受了一点儿批评就要打个地洞钻进去的地步。

正因如此，她的孩子安全感十足，后来又客客气气地和妈妈交流互动起来了。

第三，你在应对生活变化的时候，是抱怨，还是主动去变通负责？

在周围环境发生变化的时候，孩子的情绪也会发生变化。比如，孩子因为换了老师，他可能对新老师不熟悉而不想去学校；或者孩子被同学的恶作剧戏弄了，他可能会觉得很委屈、很愤怒；抑或孩子某次的成绩不够理想，他可能就会很沮丧，甚至抑郁……

其实，孩子的这些情绪反应，都可能是父母平时在应对变化时，在他们身上的映射。就像早年的我，一旦在单位受到领导批评，或者把我调到一个我不喜欢的岗位，我心里不乐意，就会回家抱怨说"辞职不干了"。

这样的示范，对孩子来说会形成两个缺点：其一，出现问题，都是别人的错，抱怨别人就行了，不需要自己负责；其二，解决问题和应对困难都太复杂，还不如干脆躲起来不干了。前者看起来很苦，后者看起来洒脱。

我有个中学生来访者曾给我讲过这样一件事："我外婆生病了，我妈妈害怕外婆会死，自己就病倒了。"

还有一个孩子告诉我："我爸妈吵架后，爸爸会在我面前诋毁妈妈，妈妈会在我面前抱怨爸爸……我就很奇怪，他们平时要我宽容、要我坚强，他们自己呢？"

孩子说得在理啊！如果父母应对矛盾的时候都在"甩锅"，这就给孩子做了逃避的示范。你无论怎么劝导他乐观、负责，他就是做不到。

因此，对于家庭教育来说，给孩子说一千道一万，不如亲自做给他看。但凡你哪里没做好，那个后遗症就会转移到他身上；当然，如果你哪个方面做好了，你的孩子在那方面也会发光，特别神奇，不信你试试看。

打骂孩子之前，
是父母静养和照顾自己的好时机

如果你对家庭教育感兴趣，或者想改善亲子关系，那一定对"管教"一词不会陌生。这个词从字面意思解读，就是管理和教育。

市面上也有大量的书籍和课程应运而生，比如风靡全球的《正面管教》，里面就有多达几十种工具，供我们去操作，用于管教孩子。然而，你或许会和我有同样的困扰：为什么这些方法在别人眼里很好用，我们用起来却不那么容易了？

我的来访者中就有很多妈妈，她们会看各种各样的育儿书。她们看到某些书的时候会觉得相见恨晚，终于找到了适合自己教育孩子的方法……而一旦到了孩子面前，她们又变得无从下手。

这是为什么呢?

因为教育好孩子的前提是:对自己足够了解,对孩子足够了解,有识别和管理情绪的能力。

我的经验就是,当我的孩子出现某些不符合我期待的行为或习惯,我一般不会马上去着手干涉他,而是反问自己:"我身上是不是也有这个习惯?"

有段时间,我家孩子总喜欢把他的笔、书等东西送给同学,有时还直接拿钱带同学去吃东西。有一个星期,他连续送出五支笔、四本书,还让我买了糖果带去给同学。我发现不对劲,虽然金额不多,但这样频繁地送礼物,并不是正常现象。

正当我想要干涉和阻止他的时候,我脑海里突然有了一个声音:"是不是我最近也有这样的习惯?是不是我最近也有频繁送东西给别人的行为,被孩子发现了?"

我回想了一下自己那段时间的行为,豁然开朗,因为那阵子我不仅经常邀请朋友来家里吃饭,还送了口红、茶叶和好多书给他们。这些孩子都是看见了的,所以也开始学习我的社交方式。

孩子愿意和他人分享并不是一件坏事,但我还是很认真地告诉他："我最近的确送了朋友很多礼物，但这是因为我有自己的收入，所以我付出没有负担。我也希望你可以在同学有困难的时候出手帮助，但不是把送礼物当成和朋友相处的日常。这样既浪费钱，也会给对方带来压力。"我这么沟通，孩子就听进去了。

父母一定要重视自己的言传身教。

我再讲一个关于我自己和孩子的故事。

我和孩子经常要坐公交车去市区。以往这个时间段里，我会用手机处理我的工作，或者看一些文章。孩子坐在我身边，也是全程都在看手机、玩游戏。

我发现这个问题后，就开始反思自己，虽然我是在处理工作，但我也是手机不离手。

了解到这个状态后，我开始调整自己。在上车之前，我会先把各种待办的工作处理好，然后一上车我就开始看书。

需要说明的是，我一上车就自己看书，并不去制止孩子看手机。而且我的心是很平静的，因为他以前也是这样看手机，也不多这一次。

然后，神奇的事情发生了——每次在我看了十几分钟

　　　　　　　　　好的养育不焦虑

书后，本来一直拿着手机看的孩子就看不下去了，他会主动把手机收起来，从书包里掏出书来，开始津津有味地看起来。

这个过程，我一句话也没有说，但在我们准备下车前，我会给他传递一个欣赏的微笑。他得到认可，就会再次养成读书这个习惯。

当然，前提是我先示范了这个习惯，从而间接培养了他这个习惯。

父母的任何改变，都可能影响孩子的行为发生改变。

我有个朋友，她发现孩子有一阵子特别不讲卫生，经常在床上吃东西、不洗脸刷牙就睡觉，而且书包里还有很多废纸屑。她就纳闷了，因为她自己是很爱干净的，家里也是很整齐的，为什么孩子搞得这么"脏乱差"呢？

后来她就把女儿数落了一顿。孩子哭了好久，第二天的表现好多了，结果第三天又恢复了原样，有时候还把脏袜子藏在枕头下。

我朋友感觉自己要气炸了。要知道一个深度爱整洁的人，对于"脏乱差"是零容忍的。于是她来问我怎么办，如何"修理"孩子。

我提醒她："你前段时间，是不是对她比较放任啊？对她的允许超过了平常范围？"

她回忆了一下，发现的确如此。最近半年，她和老公的关系不是很好，两人经常争吵。虽然他们发生争执时，尽量避免让孩子看见。但是她因为情绪不好，为了尽量避免影响到孩子，从而给了孩子很多放任自己的机会。还有一阵她和老公冷战，她直接回娘家住了一个星期。

也正是我朋友对孩子的这种放任，形成了孩子后来的失序状态。也可以说，其实孩子的失序状态，也来自父母一方曾经的失序，且父母在自己失序的过程中，会无形中忽视孩子，因此就滋长了孩子的不良习惯。

父母要随时关注孩子的心理和需求。

有个来访者说，她的孩子在半年前开始偷钱，有时候是五元，有时候是十元。她发现后很崩溃，因为她认为这是"道德问题"，但她和老公都是道德很自律的人，从小一根针都不会拿人家的。

在排除了孩子模仿大人的嫌疑后，就要探索教养方式了。后来发现，她老公存在一个问题，就是对孩子特别抠门，说是害怕孩子奢侈浪费，所以除了给孩子提供衣食住行，从来不给孩子零花钱。

孩子都十岁了，压岁钱全部上交，零花钱又没有，所以他会羡慕其他孩子。他觉得父母不近人情，也觉得自己很惨、很丢脸，于是他开始偷拿父母的钱。

在知道这个症结后，他们夫妻就开始改变，每周给孩子十元钱，让他自主使用。就这样，孩子此后再也没有拿过父母的钱。

养育的过程是影响的过程，所以我们在发现孩子的任何"问题"时，可能正是修正和调整我们自己的时候。当我们把自己调整好，内在清明稳定了，孩子也将自动调频，变得越来越好。

吃饭和睡觉时，
切忌批评孩子

来说说孩子吃饭和睡觉这两件大事。

清明节假期，我老公带孩子去爬山。谁想天公不作美，整个白天他们都是在雨雾中穿行。本来就不容易，到了晚上，他们按照原计划住在帐篷里。结果帐篷漏雨，父子俩全部淋湿了。

我老公只能带着孩子找附近的农家投宿。结果因为路上光线不足，孩子又踩到水坑里，鞋子里也灌满了水。

后来到达民宿，找老板生火才慢慢把衣服烤干。要知道，这一路他们的身体被雨水打湿不止一次，加上爬山的疲累，其实是很容易生病的。可孩子安然无恙，甚至在民宿潮湿的床上也安睡了一晚。第二天一早，父子俩粗茶淡饭吃饱，继续爬山。

我想通过这件事说明什么呢？我想说明的是，从生理上来说，我家孩子的抵抗力足够好；从心理上来说，他对环境的适应能力也不错。我相信只要有健康的体魄和充满弹性的适应能力，他未来在应对困难和变化的时候，会比较坚忍，不会轻易退缩。

我平时接触的孩子，包括在咨询室里见到的孩子，都经常会出现一个奇怪的现象——孩子的学习成绩不错，但精神却不那么好，有的还会食欲不振，睡眠不好。

每当我和他们的父母谈到这个问题时，父母就会说：孩子不好好吃饭，是因为爱吃零食；孩子不好好睡觉，是因为写作业拖拉；有时候很晚了孩子还在磨叽，会忍不住吼两嗓子。

吼有用吗？据我所知，大部分情况是，顶多短时间内有效果，但过不了几天孩子又会原形毕露。

那么，如果你希望孩子更加自觉一些、健康一些，该怎么做呢？在他睡觉前和吃饭时，千万别唠叨、批评和指责他！

古话说"食不言，寝不语"，家长首先就要做到不在餐桌上批评教育孩子。

孩子吃饭这件事

在这方面，我也是有过经验教训的。因为我家孩子小时候腺样体肥大，挡住了四分之三的呼吸道，导致他二十四小时都需要张口呼吸。中医说这孩子气不顺，脾胃就不调，所以他从小就比同龄孩子食欲差、吃得少。

我担心他长不高、抵抗力差，所以每顿饭都要唠叨"吃这个""多吃些""快些吃"！和大多数父母一样，我的本意是让孩子多吃多长，却没想到这会造成严重的"副作用"。

因为一旦开始唠叨，孩子就开始接收我们的担心和焦虑，他们的安全感就会被破坏。长期这样的话，他潜意识里就会自动把吃饭和焦虑、唠叨联系在一起，因此抗拒和煎熬就产生了。

从生理上来说，如果孩子在吃饭时，需要长时间听父母谈话甚至训话，那原本应该涌入肠胃工作的血液就需要奔赴头脑，用来听取父母的话，以及去思考和回应。这会直接导致孩子消化不良。有段时间我发现儿子的饭量越来越小，甚至有时候只要告诉他要吃饭了，他就本能地皱眉头，我知道情况严重了。

后来我做了如下调整：首先，我不再给孩子提供零食；

其次，我尽力做好每一顿饭，至于他吃多少、吃不吃，我都允许；再次，我绝对不在孩子吃饭时批评他。这里要提醒很多父母：无论孩子在生活或学习中有哪些令你不满意的行为，都不要在吃饭时间去批评教育，而是让孩子安心吃完这顿饭。

如果我的孩子不爱吃我做的饭，我不会给他讲什么粮食珍贵，而是支持他自己动手做他爱吃的食物。

如果你觉得自家孩子哪里有问题，也要等到食物在他的身体里转化为能量了，再以稳重的态度和他谈话。

坚持了一段时间后，我的孩子吃饭自在多了。有时候我做的饭菜不合他胃口，他会自己做个蛋炒饭，或者煎一块牛排。我们互相尊重，不彼此埋怨。

有些家长会执着于"我一定要让孩子合理搭配饮食，所以必须荤素都吃"的理念。这个理念是对的，但人是情绪动物，比起程式化用餐，你让他能够拥有选择食物的自由，以及允许他轻松自在地吃饭，才是明智的。

反之，如果他"吃"进去的都是你的唠叨、指责，那么无论他吃得多么丰盛，过多的情绪负担，都有可能导致他消化不良，甚至损害脾胃。

孩子睡觉这件事

要提醒各位家长，睡前切忌批评孩子。

吃饭不能批评孩子，睡觉也不能批评？做家长太难了，是不是？但各位爸爸妈妈可以回忆一下：在孩子睡觉前，你有没有过劈头盖脸骂他的经历，等第二天孩子醒来，你看着他是一个"熊猫眼"，还是精神更抖擞？答案不言而喻。

在这方面，我也有过惨痛的教训。我曾在孩子睡觉前告诉他，你今天做错了这个、做错了那个，而且严厉要求他承认错误。结果我发现孩子半夜做噩梦惊醒，第二天身体像棉花一样，没有力气。

还好我是一个知错就改的妈妈。发现这个问题后，我马上开始"整改"。

因为在学了心理学尤其是催眠以后，我就更加清晰了，我们的潜意识最活跃的时候，就是睡前和刚醒的时候。这个时候你给予孩子什么信息，他的潜意识都会迅速吸收，比如，你说他懒惰、拖延、不合群、学习不自觉、脾气暴……你只要敢说，他的身体就敢吸收；说的次数越多，吸收就越多。

这会带来两个很坏的结果：其一是孩子会被家长催眠，

成为家长最不喜欢的样子；其二是当孩子在夜晚最需要安宁的时候，听到家长劈头盖脸的批评和指责，会使他带着伤心难过入睡，并直接影响睡眠质量。

如果家长经常在他睡前批评他，他的身体就会把睡觉和批评联系在一起。以后即使家长不骂他了，他也会入睡困难或经常做噩梦。

因此，如果你是个希望孩子能健康成长的家长，那就先自律做到以上两点，让孩子放心吃饭、安心睡觉。

青春期的孩子，
别指望他情绪平和

接到几个家长的咨询，大家都有一个苦恼，就是觉得过去绕膝承欢的孩子，突然变得很冷漠和暴力。比如，你一句话没说对，孩子就顶撞你，或者直接冲到房间里把自己锁在里面。

来访者 A 先生，这样讲述自己和女儿关系的变化。

过去，我的女儿可是每天都"爸爸、爸爸"地叫个不停；她每天放学回到家，就要和我说好多话。当时我还觉得这孩子太黏人，还嫌烦呢！没想到女儿刚满十三岁，就"翻脸不认人"了。

有天女儿回家，我发现她的刘海太长了，就好心提醒她："去理个发吧，刘海太长了！"

女儿冷漠地回答："不去。"

我不能接受女儿这种态度，开始出现应激反应："怎么能不去呢？这样会挡住视线，走路不安全……"

结果女儿一句"你好啰唆啊"，顿时让我不知所措。

A 先生回忆说，他眼前浮现的是女儿过去温柔恬静的样子，可脑子里却不断回荡着女儿"你好烦"这句话，当时内心混乱不堪，又伤心不已。他问我："她是不是心理有问题？我怎么着她了，她要这样对我？"说完眼睛都红了。

B 先生的故事还要惨烈一些。他说他有一天出差回来，发现上初三的儿子竟然在枕头底下藏了一本言情小说。他的本能反应就是在儿子放学后质问他，并准备了一箩筐的教育说辞。

结果他刚说了一句："小峰啊，你学习那么紧张，还在看没用的书啊！"

B 先生话音未落，他儿子就"目露凶光"地反驳道："你怎么翻我的东西，偷看别人的隐私是违法的，知道吗？该反思的是你自己！"

出于本能反应，B 先生差点儿就一个巴掌扇过去了，好在儿子比他反应还快，已经一个箭步退回了房间。

谈到类似的经历，家长们纷纷说："好悲伤啊。我们小的时候哪里敢对父母这副腔调？轮到我做父母了，怎么就仿佛成了'下等公民'了呢？太难了……"

除了不适应孩子这种态度上的反差，大家更多的是担心孩子的心理会出问题。是啊，为什么一进入青春期，过去贴心的可人儿就性情骤变呢？其实原因无外乎以下三个：

第一，生理的变化。

孩子的生理发育在十二岁时开始，有的孩子仿佛一夜之间就比妈妈高了。女孩的胸部发育、男孩的生殖器发育以及变声，都会给他们带来很大冲击。有些孩子的反应是紧张，有些则是感到害羞，甚至有羞耻感。

无论是哪一种反应，都需要他们消耗很大的精力去适应这个变化。

我有一位小来访者说，她某天突然发现自己胸部变大了，吓了一跳，随之而来的是焦虑和紧张。而且第二天当爸爸要拥抱她时，她就本能地逃避了。

这个过程，就是成长的辛苦，而且这个辛苦无人能够代替。

当然，如果你过往和孩子的关系不错，那么孩子内在的激荡会减轻，孤独期会比较短。反之，如果亲子关系不良，孩子会独自吞下这份苦楚，同时会比过去更加排斥和父母互动。

第二，父母不再是神话。

A 先生曾对孩子说："我 211 大学毕业，在公司呼风唤雨那么多年，凭什么你把我的话当成耳旁风？"

孩子回应："又来了，你以为你是比尔·盖茨啊？"

是的，孩子七岁以前，父母在他们的心里犹如神一样，无所不能。但随着他们年龄的增长，接触的事物越来越多，内在的观点会逐渐松动。

比如，以前我说什么我儿子都听着，有时候就差拿一个小本子把我说的话记下来了。而最近半年，我明显感觉自己走下了"神坛"，他不仅对我那些人生经验、心灵鸡汤没有了好奇心，就连日常的小常识都被他打击得体无完肤。

也不知道从哪天开始，他就称呼我为"大笨妈妈"了，因为我打篮球会搞丢球，买日用品会买到冒牌货，尤其是用某些小家电时，我连说明书都没有他看得明白。

好在我有自知之明，很快把原来那个"专家"的帽子摘掉了，心安理得地做一个"大笨蛋"。就连最近家里新添的吸尘器我都干脆不打开，乐得让他们去拆装，再来教我使用。

可是很多父母却很难消化不被孩子崇拜、需要的失落感，因此会过度用力去向孩子证明自己作为父母的权威和能力。

就像前面那位 A 先生，他一开口就是"我在公司呼风唤雨那么多年"，意思就是我给你提的建议你就必须听。

我相信这个爸爸是很优秀的，但再优秀的人也有自己的局限。

比如，我自己不爱看抖音，可我儿子就特别喜欢。我一度也很担忧，想过要限制他看抖音。后来他问我："妈妈，你知道我在看些什么吗？"

我说："我搞不清，总之我认为没啥营养。"

孩子说："魔方就是我跟着抖音学会的，我还在抖音里学到了很多生活小窍门，认识了很多黑科技产品……"

我第一反应是"这些有什么用"，但后来我否定了自己的这个想法。狭义的学习是指在课堂跟随老师学习；广义的学习，其实包括了孩子在生活里的所有观察和模仿。

后来我学乖了，只要家里要添置什么东西，都听他的意见，这一来是拉近和他的关系，二来是暗示他遨游网络的时候要浏览那些正向积极的内容。

所以，即使他不再认同妈妈是无所不能的，也不至于嫌弃我。即使他经常玩手机，我也不必担心会影响学习，或者误入歧途。

第三，同伴的影响增大。

除了生理变化、父母在孩子心里不再是神话，还有一个因素也会导致孩子一旦进入青春期，就会把父母推开，拒绝和父母多说话。那就是他们对友情的重视，同伴的影响力会超过小时候。

有个上初中的咨询者叫小迪，他学习成绩不错，人缘也很好。但有段时间他称自己不愿意回家，因为他觉得妈妈总像口香糖似的黏上来问这问那，爸爸则动不动就说教一番。

但是和同学在一起就不同了，大家闲余时间一起打游戏、做运动，遇到挫折时大家一起吐槽，一起想办法处理，关键是这些哥们儿从来不会像父母那样啰唆和命令自己。

现在青春期抑郁症逐年攀升，据调查，但凡社交能力良好的孩子，其抗压能力就更加强大。因此，如果你的孩子和你沟通不耐烦，那你也许该庆幸才对，因为很可能他在学校人缘不错，他在朋友那里得到了很多的支持和滋养。

就像我儿子，一旦他和我聊天，就是聊高科技产品的性能，我就只能一无所知地听他讲。要知道在他十岁以前，我们不也是对他整天指手画脚吗？天天对着人家念叨："你要好好学习，多多吃饭，加强运动，自律自强……"欺负人家没有反驳能力。

现在人家翅膀硬了，你也得允许他给你讲些他感兴趣的、你听着云里雾里的东西了。因为如果你不愿意当听众，他以后回到家就会闭嘴，心里话就只对同学说了。

而当我允许他说，并不再随意评判和打压他时，他就感觉自己在这个家是自由的，是有影响力的。因此他不会把我推开，反而会在有些事情上征求我的意见。

因此，如果你的孩子正处在青春期，先别紧张和害怕，而是从上面这三个维度去了解他们变化背后的原因，并且给予他们充分的信任和空间。等青春期风暴过去了，孩子会因为你今日的理解和尊重，更加愿意向你敞开心扉。

好的养育不焦虑

孩子进入青春期，
父母要"闭上嘴，迈开腿"

    我接到一个老朋友的电话，她说她的孩子刚上高中，是市里的重点。

    我问她："孩子在重点中学状态怎么样？"

    她说："还行，但也有问题，就是对手机的热情也很高。"

    我问："她一般什么时候用手机？你会怎么应对呢？"

    她答："有时候看她一堆作业没做，还慢吞吞地在用微信聊天，我真是恨得牙痒痒啊……但我还是会克制，就咳嗽一声，提醒她看看时间，然后就自觉地走开了。"

    "难怪了！"我说。

    她问："什么难怪？"

    我说："难怪经常在朋友圈看到你和你女儿亲密的合影。一个女孩子到了十六岁还愿意搂着父母拍照，那不是没来由的，一定是这对父母有智慧。"

什么是智慧？如果对应到青春期这个节骨眼上，就是做到了以下三件事：

第一步：闭上嘴。

有心理学家说，父母的教育和引导在十岁以前就要完成，如果超过十二岁才启动，那就收效甚微了。

这个道理很简单，孩子的人格成型是在七岁以前，七岁以后父母的影响力会逐渐变弱；而到了十二岁的青春期，孩子的自我独立意识就变得强烈，他们会加倍渴望自由和独立。这时候如果身边人还在唠叨"你一定要这样做""必须听我的"，他们要么沉默以待，要么反驳到底。

所以，无论你过去在教育方面有多少失误和遗憾，都不能通过青春期这段时间来恶补。

我认识一位妈妈，她说自己在孩子小学阶段拼了命追求事业，连家长会都没有参加过。去年某天她出差回来，满心欢喜地买了一个卡通玩偶，想给女儿一个惊喜，不承想女儿冷冷地回了一句："我已经十三岁了，不是三岁！"

她当时并没有意识到女儿长大了，满脑子还是女儿幼儿园见到妈妈出差回来钻到怀里撒娇的模样。于是她追到女儿房间，拿出她当领导的腔调对女儿晓之以理："女儿，你就算再大，也不能不尊重妈妈！妈妈这么忙是为了谁啊？还不是为了你。你就算不喜欢玩具了，也不能这么回应我，而是礼貌地接受，并且谢谢我……"

她絮絮叨叨了十分钟，女儿不耐烦地打断她："那我谢谢你，你可以走了！"

这位妈妈这才意识到女儿真的不一样了，被女儿赶出房间后，她崩溃了。她问我："这都是怎么了？我做错了什么吗？"

我说："你顺序搞错了啊，孩子之前价值观还没有建立好，非常需要你引导的时候，你以工作忙为由缺席了。现在人家有'自己的一套'了，好比小树都长高了，你才想起来修剪，来不及了啊。"

她说："那怎么办？"

我说："闭上嘴，用行动关心她。"

这个妈妈不愧是高管，执行力特别强。从那以后，她尽量减少出差的次数。在家的时候，除非女儿主动找她说话，否则她的嘴只负责两件事：一个是吃饭，一个是微笑。

生活上，她留出大量时间去了解女儿的饮食喜好，并且投其所好去学习了烹饪。更加绝妙的是，即使花心思做了饭，她也从来不邀功，女儿吃多少，甚至不吃，她也不说教、不抱怨。

三个月后，女儿感受到妈妈的变化是真的，有一天破天荒地对妈妈说："我月考进步了十名，你陪我去看场电影吧。"

妈妈欣喜若狂，像个孩子似的就跟着去了。

往后的日子，妈妈体验到了闭嘴的好处，并且也养成了保持微笑的好习惯。前者给孩子独立思考和为自己负责任的空间，后者会让女儿感受到家里亲切而安全的氛围，因此她们后来的关系也越来越好。

第二步：迈开腿。

平常我们都说"减肥就是管住嘴，迈开腿"，其实在孩子青春期时，我们对孩子的教育也可以借鉴这个逻辑。那么，怎么"迈开腿"呢？其实就是别总去扒孩子的门缝、听墙角，而是退到让孩子不反感的安全范围内。

你或许会说："那怎么行？我要是走开了，孩子就在玩手机啊，可能还早恋呢！我要是走了，孩子不就毁了？"

如果你真这么想，那么我建议你做两件事：一是反思一下你在孩子青春期前都做了什么、为什么你的孩子自律性这么差；二是找心理咨询师帮忙，处理你的恐惧。

心理学中有个词叫作心理边界，哪怕是亲子之间，也要有让彼此舒服的适度空间，而不是一方对另一方野蛮的严防死守。

我曾听一个创业成功的朋友说他的经历。他说小时候父母对他就是"亲密有间","亲密"就是自从他出生，父母没有离开过他，而且妈妈每天都会给他做好吃的饭菜，爸爸会陪他打球。"有间"就是父母从来不翻他的书包，也不打听他的隐私。

而正是这样的信任和尊重，导致他自我价值感非常高，也敢于做梦。高中时候他就开始卖东西，大学已经有了创业的思路，一毕业他就开了公司，如今做得很成功。

所以，这里说的"迈开腿"，是指父母要放下对孩子生活的过度管控和关注，将自己的脚步退回到安全范围之内，确保孩子有足够的空间做他的梦，发展他的自尊。

第三步：做自己。

"做自己"这三个字我们听得很多，这里指的是：我们要慢慢剥离"父母"这个角色，去发展和丰富自己。

做父母是有期限的，这个角色最有价值和意义的时刻，是在孩子十岁之前。超过十岁，你的孩子从精神上来说，就"不完全是你的"了。

某种意义上，从孩子青春期开始，我们和他们不再是垂直关系，最好是平行关系，大家各自做好自己。

怎么做自己呢？首先，就是从那种苦行僧般的教育模式里走出来，把朋友圈的名字改成你的大名。

然后重点是看看你前半生有什么未竟的目标、沉睡的梦想，勇敢去追。当然，不是要你本末倒置拼命加班和出差，而是要你在时间和精力许可范围内，通过实现目标和梦想，绽放自己。

这个过程有两个好处。第一个好处是给孩子做榜样，而不是对他说："你看看我已经这样翻不了身了，你去努力拼搏吧。"

如果你这样认命，那么孩子有朝一日也会认命，以为过了三十岁，人就像咸鱼一样翻不了身了。

可是你看人家摩西奶奶，七十六岁才开始画画，八十岁还在纽约举办个人画展。现在人均寿命这么长，你如果活成百岁老人，就算现在五十岁，不还有五十年可以折腾吗？

当孩子看到你这么努力奋斗，他很难不佩服你。过去你说十句他一句都听不进去，而假如你做好了自己，那么你现在一句就有可能顶过去十句。

第二个好处是，当你开始做自己了，你对他就不会过度关注，他在感受到自由和放松之余，自律的可能性更高。

综上所述，当孩子进入青春期，大家一起用这个十二字真言约束自己吧：多微笑，少絮叨；别打探，要尊重。然后去捡起曾经的梦想和目标，去折腾，去奋斗。不出五年，你和你的孩子都将成为更好的自己，亲子关系也会比任何时候更加融洽。

夸孩子是一门
技术活儿

和一位小学老师聊天，说起孩子们在学校的表现，他说差异真的很大。

我问："那你觉得是什么原因导致差异大的呢？"

他说："是家庭和父母对孩子的认知，以及言语引导的结果。"

比如，他见过一个孩子总是打人，这位老师找来孩子的父亲谈话，孩子的父亲就说："这孩子无药可救了。"

还有一个孩子经常把同学的东西拿回家或藏起来。孩子的妈妈得知这个情况后，她的回应是："我简直失望透顶，就差跪下来求他好好学习、团结同学了，但他就是屡教不改。"

与之相对应的，那些遵守纪律、学业优秀、团结同学的孩子，他们的父母在谈及孩子的时候有一个统一的特点——自信和淡定。

我非常认同这一点：从小被父母肯定和鼓励的孩子，他会带着父母信任的光芒越走越好。而那些在打击声中成长的孩子，他的成长道路会是荆棘丛生、黯淡无光的。

那么，如何去鼓励呢？其实很简单，找准几个时机就会有事半功倍的效果。

在孩子做得好的时候，及时给孩子点赞

有一个读者告诉我，她老公很不擅长表达情感，明明很喜欢女儿，却总是说"我不喜欢你了"；明明看到女儿写的字足够工整了，却总要指着一个笔画告诉女儿"你这个笔画还可以写得更好一点儿"。

起初女儿都会听父亲的，每次父亲指出不足她就去修改，但后来女儿越来越沮丧，甚至害怕父亲靠近她，更加害怕父亲检查她的作业。原因是在女儿的头脑里，父亲已经是她的"差评师"了。

这其实是很多父母的缩影，他们不是不爱孩子，而是他们有个从祖辈那里流传下来的恐惧。这个恐惧来自一个错误的认知，叫作"表扬会让孩子骄傲，而骄傲使人落后"。于是，尽管他们已经很欣赏孩子了，却从不表达，极

大地影响孩子的自信心。

正确的做法应该反过来，父母要心细如针地发掘孩子做得好的地方，并且马上指出来给孩子点赞。这样的互动，就能让孩子知道自己是好的、优秀的，那种雀跃的感受就会包围他；而下次再做同一件事的时候，他的潜意识就会重现这种感受，驱动他继续以最好的状态去完成事情——这就是孩子内动力的形成。

当着众人的面给孩子点赞

在人类最深层的渴望中，被尊重的渴望是非常重要的。在马斯洛的需求层次理论中也提到，若想自我实现，除了满足生理安全的需求，还要满足尊重和归属的需求。

可是很多父母又走入了另一个误区，认为要低调、谦虚，不要在他人面前轻易表扬孩子。所以如果留心就会发现，当亲戚朋友在一起吃饭的时候，很多父母最习惯做的就是当众指出自家孩子的不足，而大肆夸奖其他孩子的优点。

大家都很自觉，就好像这是一场公开的自我检讨大会一样。只是在这个过程中，大家对孩子的感受和需求毫无觉察，不知道他们已经受到了极大伤害。

在霍金斯的能量层级理论中，羞愧会让一个人的能量降到最低点，甚至会因此觉得人生毫无意义，进而放弃生命。反之，当父母在亲友面前，巧妙地分享孩子的某些优点，孩子表面可能会害羞，但他会有两个确信：第一，自己是有价值的；第二，父母是爱我的。有了这两个确信，孩子的安全感会更足，也会因此做得更好。

我朋友西西就非常有智慧，经常抓住"人多"的机会夸奖自家孩子。

比如，孩子今天写了一篇作文，他会当着一屋子的客人念给他们听。其实作文并非特别优秀，但父亲的这个举动和欣喜的表情，带领所有人给孩子点赞，孩子因此获得了巨大的鼓舞。

有段时间，孩子看到有一个同学去参加歌唱比赛得了名次，认为自己不如人家优秀，这位父亲就请来二十几个朋友，把女儿从幼儿园到初中画的画都挂起来，办了一场小型的画展，亲友们啧啧称赞，女儿也得到很大的鼓励。虽然这并不是真正的画展，但女儿知道父亲是真正欣赏她的，所以非常感动和喜悦。

父母是孩子的第一任老师。父母对孩子的评价，甚至父母在外人面前对孩子公开的评价，都会深刻影响孩子对自己的认同。

如果父母希望孩子自信，就不要吝啬给孩子创造向外人展示他才能和优点的机会。不需要夸大其词，就是真诚地做一些言语上的分享，或者作品的展示即可，孩子都会因此更加开朗自信，也会更加感激自己的父母。

在孩子睡觉前点赞

人在入睡前和睡醒后，潜意识最为活跃，所以父母切忌在这段时间批评和打击孩子。批评和打击会在他的潜意识里留下烙印和创伤。

好的办法是在孩子睡觉前，和孩子一起回忆他一天当中做得好的地方，然后表达自己的欣赏和鼓励。

我曾在一本书里看到一个案例：有一个孩子在学校连续三天和同学打架，每次老师都打电话给孩子的父亲。

父亲决定和孩子进行入睡前的谈话。所谓谈话，就是和孩子沟通自己一天当中做了什么工作、见过什么人，然后总结自己这一天做得好的地方，并进行自我欣赏和鼓励。

然后他又引导孩子说出自己一天的经历，并且分享认为自己做得好的方面。哪怕孩子只是借了一支笔给同学，他都会贴一个"你喜欢分享的习惯，就是你未来在社会打拼的软实力"的标签。

如果孩子说自己捡了地上的废纸扔进垃圾桶，父亲又马上点赞"你这是在为地球的环保做贡献啊"。

孩子立即惊讶地说:"真的吗?"

在这个互动过程里,孩子在父亲的不断肯定和赞许中入睡了。

神奇的事情发生了,接下来的日子里,孩子不再打架,父亲再也没有接到老师的投诉电话。

心理学中有个说法:不断强化一个好的行为,可以让一些不良的行为自行消退。

因此,如果你的孩子也出现了一些不恰当的行为,不妨借鉴这位父亲的方法,和孩子进行睡前对话,引导孩子看到自己做得好的地方,并及时鼓励他。而当孩子带着父母的鼓励入睡,这个美好的感觉,就会深入他的潜意识,从此成为孩子做得更好的动力。

有位教育家说:天下没有坏孩子,只有不被看见优势的好孩子。

请所有父母都放下对孩子差评的习惯,积极去寻找孩子做得好的地方,及时给予鼓励和肯定,并大大方方地在外人面前进行分享;或者当孩子出现某种不当行为时,不要惊慌和焦虑,而是利用睡前时间,用优势强化让不良行为自动消退。

如此,父母就会成为孩子最好的老师,孩子将会在鼓励声中发展得越来越好。

孩子玩手机，
考验的是父母的自律和底线

寒暑假期间我的咨询会变多，而父母在咨询时，大都有这样一个困扰："孩子玩手机的时间特别长，我不知道该怎么办。"

A妈妈对我说，从暑假开始，孩子就只和手机亲了。八岁的孩子，作业并不是很多，是最适合到外面去跑、去跳、去疯玩的年龄。然而，父母给他报了游泳班、跆拳道班，他统统不去。

有一天他爷爷过七十岁大寿，亲戚在酒店里汇聚一堂。本来孩子答应得好好的，不玩手机，要好好陪爷爷过大寿。谁知道，刚到酒店五分钟，孩子就嫌大人谈话无聊，伸手问妈妈要手机。

妈妈刚开始告诉他就玩十分钟，孩子点头如捣蒜。结果十五分钟过去了，孩子也不归还手机。后来爸爸把手机抢了，孩子不高兴，在一旁闷闷不乐。奶奶在旁边看不下去了，心疼孙子饿肚子，就哄着孩子："宝贝，你把饭吃完，妈妈再给你玩。"孩子这才开始动筷子。

B妈妈也很苦恼，她说孩子成绩是挺好的，但视力直线下降，原因也是因为手机玩多了。

我问她："怎么个多法呢？"

她说："就是只要我没有拿着手机，她就马上上手了。那个动作之快，让我惊出一身冷汗，我感觉这孩子每天绞尽脑汁想把手机弄到手。这样下去，她下学期成绩一定会下降的，因为分心了啊。"

是啊，如果用几个词来形容孩子玩手机的状态，那我们可以迅速列举出一大堆：乐此不疲、欲罢不能、如痴如醉、无法自拔……

那么，到底是什么原因导致孩子这样痴迷手机呢？原因无非以下两点：

他离手机太近了

有一个孩子告诉我，他爸爸每天下班都在看手机，而爸爸的解释是他上班压力大，需要减压。

他妈妈也看手机，而妈妈说她只是追剧而已，又不打游戏。言下之意，就是只有打游戏才算玩手机。

这里就折射出一个问题：这个家庭的情感交流很少，每个人都很独立，各自在手机世界里遨游。

于是这孩子有一次考试前和妈妈商量，自己要考到班级前十名（原来是第二十一名），就要妈妈送他一部手机，还说自己要手机是想用手机查资料、和同学讨论题目。妈妈觉得言之有理，就答应了。

这孩子本来就有学习能力，他稍微一努力，期末考试就得了第九名。妈妈欣喜若狂，兑现了承诺，买了新手机奖励他。但孩子有了手机后，整天都对着手机了……

这里可以看出两个问题：一是父母当着孩子的面玩手机的时间过长，就相当于在不断地诱惑孩子，让孩子对手机趋之若鹜；二是父母拿手机作为奖励，会让孩子觉得玩起来心安理得。他拿到手机的一刹那，就像奥运会冠军领了金牌一样，自豪得很。这是他的奖品，父母后续再想管，就困难了。

其实，如果要管理孩子玩手机的时间也很简单——父母自己先要减少对手机的接触，让孩子在接受你的批评和建议时，没有顶撞你的可能性。

我自己有一个习惯，只要拿手机超过十分钟，我的头脑会自动报警，告诉自己"你已经超时了，再看下去就会焦虑，注意力也很难集中"，于是我就会放下手机。

我也把这个感受告诉孩子，并加了一句："得来不费工夫的快乐，副作用是很大的。"他也深以为然。

有些父母还有一个奢望，就是希望孩子自己戒除对手机的诱惑，甚至考验他们，把自己的手机随意放，不设密码，让孩子唾手可得。

当然，基本上都会失败，因为手机就像个百宝箱，应有尽有。孩子的自控力本来就没有发展好，你让他们站在诱惑的边缘，又不受诱惑，这是不符合人性的。

所以，我建议那个说孩子见缝插针就玩手机的妈妈，要管理好自己的手机。这是她的责任。

你缺乏培养规则和习惯的耐心

孩子是需要被训练的，包括每一个规则、每一个习惯。

可是有很多父母会有一个期待，就是希望今天做了一个决定，开了一个家庭会议，孩子就要在将来的日子里自动严格遵守。

这简直是天方夜谭，因为不符合人性啊。人的本质是

　　　　　　　　　　　　好的养育不焦虑

享乐主义，一个健康的孩子就是一个追求快乐的孩子，就好比绝大多数人都喜欢阳光、拒绝风雨一样。

我的孩子以前玩手机也忘记时间，这里头就有我的责任：我没有和他约定时间，我会允许他超时。

你要知道，一旦你有了第一次破例，比如，你看他作业做得认真了，就让他多玩十分钟；你看他今天挥汗如雨出去运动了，又多给他玩半小时。孩子就得到了启发，他会想尽办法去表现，然后要求你放宽政策，争取更多玩手机的时间。这是其一。

其二，当你的规则不明确，甚至依照心情而定时，那么孩子会觉得混乱不安，他也会和你一样阴晴不定。当你突然把手机收回时，你们很容易发生冲突。

因此，制定时间规则很重要。在我家里，孩子每天上午、下午可以各玩半小时手机，我让他自己定闹钟提示，时间一到必须直接把手机交给我，不允许孩子用任何理由拖延。

当然，这里还有一个重点，刚开始他很可能不舍得交上来。这种时候，父母切忌絮絮叨叨、指责奚落，而只需要平静地走到他身边，简单明了地告诉他："时间到了，把手机交给我。"

孩子把手机交还给家长后，家长要及时地给予孩子肯定，并告诉他这样做很好。

如果孩子不愿意交还手机，家长需要告知孩子"时间到了""我自己拿了"，然后把手机从他手里拿过来。

当然，孩子可能会生气，你就让他生气，你甚至可以表达对他的理解，但依旧要按照规则行事。

下一次，你可以提前问他："一会儿时间到了，我要立即收回手机的，你还会生气吗？"

孩子在得到告知后，知道妈妈是玩真的，就会开始自我约束了。一旦一次、两次、三次都做到了，你的孩子的手机管理就逐步形成了。

总之，关于手机管理，首先，父母要起带头作用；其次，不要拿玩手机作为奖励；再次，是制定规则后绝不能妥协。这三点都做到了，你的孩子和手机之间的健康关系就建立起来了。

小心你人为制造的挫折，给孩子带来更大创伤

有个朋友和我说："周周，我亲戚家的孩子在日记本上写着'我迟早要杀了他们'，你说这孩子不会有什么心理问题吧？不会出什么事吧？"

我后来通过朋友了解到，这孩子现在十六岁了，读高一。他父亲是单位领导，母亲是一位律师。从经济基础和社会地位来看，他们家的条件都是十分优越的，但为什么这孩子会出现反社会倾向呢？

原因就在于，他父母经常人为地给孩子制造挫折。夫妻都认为，孩子不怕苦、不怕累是基本素质，甚至还要不怕羞辱、不怕挨骂。

在父母的严格要求下，这孩子的确从小就很独立、优秀。比如，孩子从二年级开始，就自己坐公交车上学；孩

子的背包里永远放着一把伞，以备下雨天回家路上用。

有一次台风来了，妈妈在公司加班，爸爸虽准时回家了，也故意没有去接他。结果那天孩子足足等了两小时公交车，伞也被台风刮跑了。孩子回到家后，父亲也只是简单确认他没有受伤，就叮嘱他早点儿做功课。

那一年，这孩子才十岁。

如今他十六岁了，学习成绩没得说，他很轻松就考上了市里最好的高中；但要论性格和社交，他却是孤僻自闭的，班里没有人见他开怀笑过。

我朋友一次问这个男孩："你学习都这么好了，怎么还不开心呀？"

男孩说："生活在这样的家庭，我有什么可开心的？"

我朋友听了一阵心酸。后来我朋友又去问孩子的父母："孩子好像挺痛苦的样子，你们知道吗？"

没想到父母却坚定地说："我们这样的家庭，从小给他提供的经济条件这么好，无论是艺术培训，还是夏令营、冬令营，那都是顶级的，他有什么可痛苦的？"

朋友说："可是他从来不笑，也没有朋友，你们有没有想过原因呢？"

做律师的妈妈说："高处不胜寒！优秀的人总是孤独的，要那么多朋友干什么？以后考上了北大、清华，还愁没有朋友吗？"

爸爸也附和道："我们是对他比较严厉，那是因为我看到太多的失足少年，都是因为家里对孩子太溺爱，那只会让孩子失去原则，无法无天。"

这对父母，一个把孩子逼到没有一个朋友，一个则冷酷到天天对孩子提各种要求和训斥。他们一致认为，这是符合时下流行的养育理念：培养孩子的抗挫力。

其实，这个理念本身是没有问题的，但问题是，同一个理念到了不同的人那里，会出现千差万别的理解。更有很多极端的父母会因自己的理解做以下事情：

第一，人为地给孩子设置障碍。

我在萨提亚课程上认识了一位老师，他从国外来到中国，直到三十岁那年还在寻找自我价值感和安全感，就是因为他从小有一个极其冷漠的爸爸。

从一岁开始，他跌倒了，哪怕摔破了、流血了，他爸爸都像一个旁观者，只是指挥他快点儿站起来，却从不关心他疼不疼。甚至父亲会在他走路的地方放一些小障碍，让这个孩子跌倒了再爬起来。这是多么可怕的事情。

前段时间还看到另一位家长，他会把孩子快要拼好的拼图打乱好几块，让孩子重新拼。这导致这个孩子非常崩溃，对自己也越来越没有自信。

这些都是父母在人为给孩子制造创伤，而不是让他越挫越勇。

要论困难、挫折，其实只要孩子正常生活，每天都会遇到。我们做父母的，最重要的工作是陪伴孩子发现他的能力和力量，鼓励他去跨越山丘，见证他的成就。

第二，延迟满足。

延迟满足原本来自一个心理学家对孩子是否会为了一个美好的事情而等待的测试，结果意外在父母圈疯传。大家把他的观点当成了金科玉律，因此不经推敲和琢磨，就照搬使用了。

孩子饿了不及时给食物，尿了不及时换衣服，哭了不及时去抱……久而久之，这个孩子就发现父母是不可靠的，自己是不被爱的，他的安全感和自信心就很难建立起来。

可能你会反驳说："难道要随时满足孩子的任何要求吗？这不就成溺爱了吗？"

有一个衡量你当下的决定正确与否的方法，就是当你要延迟满足孩子时，你问问自己："我是出于什么心理？"

如果你只是出于恐惧，担心自己若不延迟，他以后就不珍惜、不努力，甚至就自暴自弃了，那你还是先处理好你的担心吧。因为这个逻辑是有问题的。

如果你并不担心你的孩子，而是在某些特定情况下才有意地训练他。比如，孩子要一个礼物，你就可以试着让他等待两天，或者让他在完成某个小目标后作为奖励给他，这样才是可行的。

因此，不要为了让孩子饱尝拒绝和等待之苦，才创造延迟满足，而是带着爱和关怀，让他体会到等待后会有更大的成功和喜悦，这才是延迟满足的意义。

第三，打击和指责。

很多家长从不表扬孩子，理由是孩子取得了好成绩，孩子自己就会开心，用不着家长表扬，表扬多了孩子反而会骄傲自满。

这个逻辑也许对成年人是成立的，因为成年人已经对自己有了清晰的认知。但孩子不同，他们是通过外在的评价来确认自己是否优秀、是否足够好的。

所以孩子越小，家长的鼓励和肯定就越重要。有人说过，一个孩子真正建立自信，需要他从父母那里获得五千次肯定。

一旦他的自信心培养了起来，即使父母不再肯定他，他也能自己肯定自己。

很多父母不但吝啬欣赏孩子，还不断地指责他，告诉他这样做不好，那样做也不好，且美其名曰"鞭策"，其实是在折损孩子对自己的好感。

一旦他对自己的好感没有了，就像那个男生，他对世界的好感也就没有了，某一天真有可能酿成灾难性的后果。

所以，我们要做明智的父母，有态度的同时，更要有温度。不要盲目追随书本，而是把孩子的终身利益和此刻的感受放在第一位，这样才能让孩子感受到人间的温暖和家庭的关爱。

当你满足了孩子的期待，
他也会满足你的期待

今天我们来谈谈"期待"这个词。在萨提亚的冰山理论中，在行为底下，藏着情绪、观点、期待和渴望。渴望是指我们人类共通的内在需求，比如爱、归属感、安全感、自由和价值感等。因为想要满足这些渴望，所以我们会生出很多的期待。如果你是父母，你对孩子可能会产生以下这些期待：

一、期待他听话、懂事。

二、期待他学习主动，而且有天赋。

三、期待他身体健康、性格开朗。

为什么你会有这些期待呢？因为你内在有一个渴望，而小时候又没有得到满足，这个渴望就是价值感。

你小时候做什么事情，父母都有可能否定你；或者做好了，他们又认为你要继续做更多，你感到挫败、无奈和委屈。而这些感受并不能让你屏蔽掉你追求价值感的步伐，相反，你越是觉得没有被满足，就越想满足，于是孩子的出现给你带来了希望。

因为一旦他成了别人口中优秀的孩子，你就会获得荣耀感，你会神采飞扬，仿佛自己变得更有价值了。

而你的孩子呢？很不幸，他变成了小时候的你。他做一点儿努力，被你批评说不够；他获得一些成就，你就鞭策他"别骄傲，你还可以做得更多更好"。之后会产生以下两种结果：

一、你的孩子满足了你的期待，变得乖巧、懂事、学习好。

二、你的孩子没能满足你的期待，变得叛逆、顶嘴、不爱学习。

通常产生第一种结果的概率是 30% 以上。不仅如此，第一种结果还有可能在某个时期又滑落到第二种结果。

比如，你从网上看到很多原来的乖孩子一夜之间变成刺儿头，不讲道理，甚至抑郁。那就是他做第一种孩子做累了、做烦了，他心里想"做乖孩子太累，我不干了"，然后就是爱谁谁，破罐子破摔，只剩下父母猝不及防、目瞪口呆的份儿。

原理知道了，我们来看一个例子。

最近有一位来访者Z女士提到她的担心，因为她的孩子问她："妈妈，人为什么要活着呢？"后来孩子又沿着自己的话题往下说："快乐那么短暂，不快乐的时候又那么多。"

然后Z女士就不知道如何作答了，她只能说"等妈妈想好了再回复你"，然后开始陷入焦虑。

后来我和Z女士做了个对话演练。我当妈妈，她当孩子。

她问："妈妈，人活着到底有什么意思呢？"Z在提问的时候，眉头是紧缩的，眼神也有些暗淡。

我立即有了好奇，问她："孩子，你怎么会想到问这个问题呢？你什么时候开始思考这个问题的？"

她答："我也忘记了。"眼神还是有困惑。

我问："那你过去有哪些时刻会觉得人活着没有意思？又在什么时刻觉得人活着挺有意思的呢？"

她说："和朋友在一起，偷偷地吃零食、玩游戏会有意思。但时间短暂，很快就分开了，很快就不能吃、不能玩了，所以又没有意思了。"

其实这句话里藏着很多信息。

首先，她提到一个词——偷偷，然后又有一个词——时间短暂。这两者结合起来，说明这个孩子内心深处对自由充满了渴望，但这份渴望却被压抑着。

孩子不能正大光明地做自己喜欢的事情，而且就算偷偷做了，时间也很短暂。

所以，孩子哪里来的快乐？如果孩子没有快乐，又怎么热爱人生？

后来我们就开始探讨，平日里对妈妈言听计从的孩子，上学期为什么成绩忽上忽下？看起来健康的孩子，为什么觉得活着没有意义？

因为他的渴望没有被看见，他由渴望延伸出的期待也没有被满足，所以他的生命力是被压抑着的。

好在 Z 女士是一个特别愿意改进的妈妈，她了解了孩子话语背后的心理动态，很快做出改变。她从几个方面让孩子去体验自由，让孩子拿回一部分生活的掌控权。

我们再来看另一个案例。

来访者 A 女士，是四个月前来找我咨询的。她是小学老师，她把全班三四十个孩子都管理得很好，就是自己的儿子不听话。

她的儿子九岁，最大的问题是写作业拖延。孩子经常抄写一页生词要耗掉三个小时；如果还要写篇小作文，那晚上就别想早睡了。

A 女士对孩子打也打了骂也骂了，发现什么效果也没有，后来才决定来咨询。

咨询进行了一个周期（十二次），我和 A 女士一起探索家庭内部动力，比如，他们夫妻关系还可以，并没有明显的矛盾和冲突。但有个重要的点，就是这个孩子在七岁以前也是很乖的，但从八岁开始，拖延症就出现了。

那是因为他受够了和妈妈的"不平等条约"。比如，做作业之前妈妈说："你快点儿做完，做完了可以看电视。"孩子想到可以看电视，心都飞起来了，抄写一页生词十五分钟就能完成。

但妈妈不守信用，觉得你这么厉害，那再写一页也无妨啊，于是告诉孩子："你晚点儿看电视，再多写一页吧……"

孩子有些泄气，但还是信任妈妈，就又多写了一页。

这次写完一页生词，孩子花了二十五分钟。孩子做完后，妈妈发现里面有几个字写得不太好，又停下来让他擦了重写。

孩子擦完、重写完，也到了睡觉的时间了，只能乖乖上床睡觉。

我管这叫父母子女间的"不平等条约"，妈妈一味要孩子满足自己的期待，而孩子的期待却被妈妈视而不见。时间久了，当孩子发现妈妈的霸道专横后，就会开启磨洋工模式。

我们分析了这个成因后，就开始做各种调整。最重要的方向是，在满足自己的期待之前，先满足孩子的期待。

也就是在这个月初，这位妈妈给我带来了一个好消息，说她儿子现在作业做得飞快，而且做完还愿意去运动半小时。

连孩子的爸爸都惊呆了，问 A 女士："你给这孩子灌了什么药啊？怎么现在动作这么快？"

孩子抢答了父亲的提问："因为我要什么，妈妈就答应我啊。上周还让我邀请了朋友来家里吃饭。我们吃了薯片，看了动画片，妈妈一个眉头都没有皱，我太开心了。我的朋友都羡慕我呢。"

妈妈还爆了个猛料，说原来孩子起床是个老大难问题，每天都要连吼带叫才能把他从床上拉起来，为什么呢？

因为以前妈妈在早上安排了半小时的早读任务，也是单方面做的决定，孩子坚持了三天，觉得起太早了（六点），白天在学校太困，就不愿意起了。

而现在呢，孩子居然能做到每天六点十五准时起床，然后坚持读二十分钟英语。

为什么孩子会转变过来呢？因为有一次学校有个数学比赛，要是以前，妈妈肯定会着急上火地要求孩子报名参加，赛前还会每天晚上给他补习两个小时，就为了拿个一等奖回来，好为妈妈在同事面前争光。

但这一次，妈妈明知道有这个比赛，结果她一点都不动心。她让孩子自己选择，参不参加都可以，需要妈妈帮助就开口。

孩子何其聪明啊，他需要验证一下，才能信任母亲的改变，于是他决定不报名。

他暗中观察妈妈的反应，没想到妈妈说："我尊重你，支持你花时间做自己喜欢的事情。"

孩子真的惊讶了，小小的身体头一次体验到一种高级的情感——被尊重。于是从那以后，孩子就变了。

我有一个咨询师朋友说，他满足了孩子某些奇奇怪怪的期待，比如：晚上不洗澡、早上洗，周五不做作业、一定要周六做，一周要吃一次外卖，一个月要和朋友去一次游戏厅打一场游戏等。然后孩子说："你们有什么要求，也给我提出来吧。"

于是他们就这么愉快地建立了"合作关系"。

如果你的孩子也不听你的，也许是你让他体验的痛苦比快乐多、失望比希望多。而你想要孩子乖巧，想要孩子满足你的期待，你就应当先认真地满足孩子的期待。

第 **3** 部分

妈妈越快乐，
孩子越健康

一个人的快乐，
来自他对自己生活的掌控感。

快乐教育的核心，
是来自快乐而简单的环境

有读者给我留言：真正的快乐教育是什么？

之前我正好听过一个故事，完美地诠释了什么才是真正的快乐教育。这里给大家分享一下。

故事的主人公叫丁丁，是一个十六岁的男孩，中考时以全校第一的成绩考上了县城最好的高中。

邻居们纷纷前来询问他的父母："你们是怎么教育孩子的？你的孩子看起来整天都在玩，平时考试也一般，怎么到了关键时刻，考得这么好呢？"

丁丁的妈妈说，孩子的学习基本靠他自己，如果一定要问我经验，那就是我们做到了以下三件事：

第一，提供快乐学习的环境。

人本来就是环境的产物，想要孩子爱上学习，获得成就感，最直接的办法就是父母先喜欢学习。

丁丁的父母虽是工薪阶层，但母亲爱好诗歌，父亲则喜欢历史，家里还有一个不小的书架，堆满了父母喜欢的书。

丁丁的父母并没有刻意启发他读书，只是丁丁每次拿起书的时候，父母就对他微笑，并且给他贴上一个正向的标签："我们家丁丁可真喜欢读书啊！"

哪怕孩子只是拿起漫画读，妈妈也给他竖大拇指，因此丁丁从小就顺理成章地爱上了阅读。

为什么爱读书和快乐教育有关系？

书是人类进步的阶梯，也是连接世界的桥梁，更是我们自主学习的基础。一个孩子如果有了阅读能力，他就会辩证地看问题，而不是陷入非黑即白的世界。

丁丁就是如此，他通过自主阅读，积累了大量的知识和词语，所以说话总能妙语连珠，非常幽默，这给他在学校带来了很好的人缘。要知道一个孩子如果广受欢迎，那他的自我价值感和归属感都会很强，而这也是一个人能够快乐和自我满足的源泉。

第二，让孩子自己做选择，并让他为自己的选择承担后果。

　　自主式教育，就是给孩子自己选择的空间；而指令式教育，就是直接告诉孩子要做什么、该怎么做。

　　后者的弊端是孩子很容易失去主见和创造力，长大后变成唯领导是从，或者人云亦云。而一旦一个人做任何决定，都需要别人来帮自己定夺，他就已经失去了心灵的自由，他的生活就少了很多快乐。

　　在《正面管教》这本书里，作者提倡父母要舍得让孩子做决定，只要这个决定不危及孩子的生命安全。

　　比如，我一个朋友的孩子，大夏天的一定要穿一件漂亮的毛呢裙子出门，换作其他家长就会骂孩子疯了，冷热都不知道。但我朋友就舍得让孩子犯错。她告诉孩子外面很热，大家都穿短袖，如果你一定要穿裙子，妈妈也支持。

　　结果孩子穿着裙子出去，半小时后大汗淋漓地回来了。但妈妈并没有嘲笑她，而是问她什么感受，并且提醒她赶快冲个澡，在空调房里休息休息。从此以后，孩子就再也不会反季节穿衣服了。

　　丁丁的妈妈在孩子四岁时，就答应孩子一个人去小店买饼干的要求。他们家离小店有三百米，不需要过马路。

　　丁丁说："我一定可以买到饼干。"

妈妈说："看来你已经是男子汉了，那就去吧。"

丁丁买回来了，但路上踩到香蕉皮摔了一跤，因为是他自己选择要去的，所以即使膝盖磕破皮了，他也没有哭。

从此以后，丁丁外出半径增加了，从去小卖部买吃的，到去一千米以外的同学家，都是他自己规划路线走去的。

八岁那年暑假的一天，他还独自坐了半个小时公交车去动物园看动物。回来后，爸妈就听他绘声绘色地描述那些动物是怎么乘凉、怎么活动的。这次经历既增加了丁丁对世界的热情，也增加了他的独立和自信。

父母让孩子对自己的事情做主越多，并且让孩子承担这个决定背后的后果，那么孩子的掌控感，以及对生命的热情都会增加。

有心理学家说过，一个人的快乐，来自他对自己生活的掌控感。假如家长过多地控制孩子，期待孩子就要听他们的，那么即使孩子活得很安全，也会很痛苦。

苏州有个心理学家叫吴文君，她在自己的书里写了自己和女儿的故事。

因为自己工作很忙，她从来都没有时间管孩子的学习。在女儿初二那年，她发现孩子的数学很差，心急如焚。她希望能够给孩子找个老师补习，结果被孩子拒绝了，孩子的回答是："我心里有数。"

　　　　　　　好的养育不焦虑

吴文君只能强忍自己干预的冲动，允许孩子按照自己的节奏来。有一阵子，她虽然每天看到孩子很晚才睡，但她也不去过问。后来考试成绩出来了，孩子的班主任告诉吴文君，说她女儿数学考了班级第一。

吴文君很惊讶。她找女儿去核对，问女儿为什么能够在短时间内突飞猛进，女儿的回答是："我做题了啊！我过去成绩不好，是因为做题很少，后来我花很多时间做题，成绩自然就上来了。"

还有一次，吴文君发现女儿在中考前非常焦虑。因为自己本身从事心理学方面的工作，所以她特别担心女儿的身心健康，于是她和女儿商量："妈妈帮很多孩子在考前减压，效果都很好。你也让我帮帮你吧？"

结果她又被女儿拒绝了。女儿说："我自己可以。"

当然，结果不出所料，女儿慢慢摸索出了自己缓解压力的节奏，中考考出了理想的成绩。

这个是妈妈放手让孩子自己做选择，并且充分信任孩子的结果。

第三，父母懂得示弱、装傻。

最近读了一本书，叫作《父母的格局》，里面就提到父母无论是什么身份地位，都要注意保留自己的锋芒，给孩子留一些展示智慧的空间，否则就是对孩子造成人为的挫折。如果孩子还没有走出家门就被父母打败了，那未来他的自信心就会大打折扣，哪里还会有快乐可言？

演员陶虹在采访中也说过自己女儿的故事。她说女儿明明喜欢搭积木，她就给女儿买了很多。结果一起搭了几次之后，女儿就说不想再搭了。陶虹百思不得其解，觉得女儿一定有秘密。

后来女儿说出了原因，原来是每次和妈妈搭积木，都觉得妈妈很厉害的样子，而自己却搭不好，所以不想再继续了。

陶虹恍然大悟，后来再次邀请女儿搭积木，而且利用超高的演技扮演了一个失误连连的妈妈，导致积木不是搭错了，就是倒了下来，搞得女儿哈哈大笑。然后女儿看着妈妈这么弱，自己则愿意更加认真地搭，以实力来赢过妈妈。

丁丁的爸爸其实很会下象棋，但给丁丁报象棋课外班的时候，爸爸说自己是顶级菜鸟，希望丁丁每次学完后回来教爸爸。

结果每次丁丁带着爸爸的叮嘱出门，到了课堂上就很认真地跟老师学习，然后回到家再把技巧复盘给爸爸，爸爸报以欣赏和崇拜的眼神，让丁丁觉得自己好厉害。

如此周而复始，丁丁下棋的兴趣日渐浓厚，后来在市里还得了二等奖。

快乐教育既不是盲目地在物质上满足孩子，也不是为孩子扫除成长道路上的一切障碍，而是父母做自主学习和自我满足的先行者，并懂得放手给孩子自主选择的机会，然后恰到好处地示弱、装傻，以激励孩子的学习动力。如此，孩子就能得到更多自由，也能通过一次又一次的选择，获得更多掌控力和自信心。这样，无论前路多么艰辛，他都能快乐前行、勇敢拼搏。

妈妈懂得放手，
爸爸陪伴的孩子更出色

我有一个朋友是小学老师，有一次找她聊天，她说："你知道现在中国妈妈焦虑人数有多少吗？"

我说："三分之一？"

她摇头："在一、二线城市，至少三分之二的妈妈是焦虑的。"

她继续问："你知道焦虑的父亲有多少吗？"

我突然愣住了，因为我很少见过焦虑的父亲。

她说："我们班有五十个孩子，但能来参加家长会的，父亲只占个位数。有些孩子我教了四年，还从未见过他们的父亲。"

懂教育的人都知道，如果孩子在成长过程中缺少了父亲的力量，孩子的能量会失衡，注意力也会不集中。

　　　　　　　　　　　　好的养育不焦虑

关于这一点，我的朋友莎莎就非常有发言权，因为她家就曾是"丧偶式"育儿的实践基地。

那个厌学的孩子怎么了？

第一次见莎莎，看她整个人都瘦得脱了形，眼角还有哭过的痕迹。说起儿子，她的情绪是无助又恐慌的。

当时她儿子才上初一，刚上一个月学就丧失了积极性。他早上不愿意起来，几乎每天都会迟到，放学后又不肯做作业，于是很快就成了老师重点关注的对象。莎莎也因此经常被老师围追堵截。

"有想过儿子为什么会这样吗？"我问莎莎。

"学习难度增加了，课余活动太少了吧！"她回答。

这样的回答似乎很合理，但肯定没有那么简单。后来了解到，她儿子小学上的是寄宿学校，而她老公那几年艰难创业，很少回家。所以即使孩子周末回来了，也很难见到父亲的身影。

问题的原因浮出水面，孩子从小就缺乏爸爸的陪伴，又经过五年的寄宿生活，再加上在学习上面遇到了困难，让他感到孤独无助，又没有归属感。没有归属感，他就会选择退缩逃避，以及出现厌学等一系列行为。

莎莎当时对这一切都无法理解，仍旧执迷于要如何说服孩子坚持上学，以及找各方资源给孩子补课。

　　孩子的情况却越来越糟。去年我打听她的情况，她仍旧摇头，说用了很多办法去鼓励，也请了老师补习，孩子却毫无改变。

　　直到最近，我终于从朋友圈里得到她儿子变化的喜讯。

我陪了孩子十五年，不敌爸爸两个月

　　莎莎很少发朋友圈，上周却看到她发了两张儿子的照片，并附文说："大儿子要去加拿大读高中了，这是他自己选择并为之努力的结果。"

　　不夸张地说，看到这样的文字，我比当事人还要振奋，因为过去从莎莎嘴里，我真的听不到她对儿子的任何希望。

　　于是我马上打电话给她，她说："这一切都是在他爸爸接手管理孩子以后发生变化的。"

　　儿子中考在即，但他依旧保持原有的颓势，宣称不会去参加考试，把莎莎吓得半死。

　　自称已经被孩子拖得只剩半条命的莎莎立即给老公撂狠话："你听好了，这孩子我以后再也不管了，你自己看着办！"

老公从未见她如此决然，不得已仓促上阵，慌忙放下一切工作，和儿子谈计划："参加中考，读中专，和爸爸一起学做生意。"

不料孩子全都否决了，父亲这才知道妻子的绝望不是凭空而来。于是在放下一切期待以后，他索性带孩子去加拿大见客户，理由是出去散散心、见见世面。

然而没有想到的是，孩子在跟随父亲不到半个月的时间里，就确定自己要去加拿大读高中，而且必须靠自己考过去。

接下来一切都顺利得不可思议，回上海找英语培训学校，找机构去洽谈留学事宜，孩子都全程在父亲的陪伴下参与。不到三个月，就收到了其中一所高中的录取通知书。这一切，快得让人反应不及。

莎莎说："孩子开窍了。"

我回答："没有这么简单，是父亲起了杠杆作用。缺乏父亲引导的孩子，又要每天被母亲的焦虑影响，所以他会彷徨没有方向。而父亲出现后，他的豁达和勇气很快让儿子感受到完全区别于母亲的气息，他一个激灵，如梦初醒，当即决定要做一个像父亲那样勇气和智慧兼备的成功男人。"

就像从小被父亲逼迫实现梦想的郎朗一样。他说父亲顽固的背后是执着，而正是这样的执着，让少不更事的他能拼尽全力，摘取到成功的果实。

被父亲支持的孩子，都赢得漂亮

最近重温了以球王贝利成长为主线的电影《传奇的诞生》，让我有这样的总结：要说每一个伟大的男人背后都有一个坚强的女人，那么每一个孩子的成功，一定与他父亲的支持分不开。

贝利出生在巴西贫民窟，家里穷得穿不起鞋子，烧不起炉子。他的父母都是最底层的清洁工，然而，这并不影响他铸造自己的足球梦。

从小他不爱学习，也不擅长言辞，唯一的爱好就是和伙伴们一起踢一只用布条卷成的"足球"。

巴西虽为足球之国，但正逢世界杯惨败、全民一蹶不振的时期，所以每每看到贝利动起踢足球的念头，他母亲就充满担忧，害怕他自毁前途。

但男人更理解男人。当贝利说出"爸爸，我一定会为巴西赢得世界杯"的豪言时，他父亲并没有打击他，而是默默地想办法支持他。

在经历了一次足球引发的朋友去世的事故后，贝利因为自责决定告别足球，而后他除了上学，就是跟随父亲去医院洗厕所。

知子莫若父。但凡有空余时间，父亲就带儿子到医院后面的杧果园里，用杧果代替足球，教儿子点球、运球和锻炼体力。

这一练习，就是好几年。

母亲在得知一切后，才笃信儿子深爱足球并具备潜力，才联系曾找过他们的教练，让儿子正式系统学习踢足球。从此儿子一路高歌猛进，进入了国家队，最后还凭借父亲给他打下的扎实的任意球技术，为国家队赢得了世界杯。

我听过一句话："孩子的健康成长，需要父亲的精神、母亲的胆量"。

所谓父亲的精神，就是他的信念和格局将决定孩子将来发展的方向。而母亲的胆量指母亲的情绪是豁达开朗还是焦虑不安，这会直接影响到孩子的安全感和价值感。

我的一个督导老师说，如果要我给父母们一个忠告，那我会奉劝父亲每天至少陪孩子一个小时，一起下棋、打球或出去走走，这会让孩子更加笃定和自信。

而孩子的问题大多反映的是家庭问题，当孩子出现行为偏差，不妨先放下对表面问题的纠正，而是让丈夫回家，一来缓解妻子的焦虑，二来倾听孩子的心声。当家庭慢慢回归健康序位，孩子的问题也会迎刃而解。

孩子厌学，居然是为了拯救父母的婚姻

这个案例来自我的一个读者。

这位读者叫棉花糖，她三年前看过我的文章。当年我开放了自己的邮箱，告知读者如果有心理上的困扰，可以给我来信。

棉花糖当时在读初一，她给我来信说："我的父母在闹离婚，家里经常打架，锅碗瓢盆敲得叮当响，我该怎么办呢？"

如果是做咨询，我是不会给出明确建议的，但棉花糖却要求我给几个方向以供她参考。

我于是答复如下：

你可以做两件事。第一个是把父母当成演员，他

们会时不时地演情感冲突的戏，而且因为他们非常专业，所以会面红耳赤、血脉偾张……

第二个，你要练习一项特殊能力，就是学会"屏蔽"你的听觉，想象自己在看一出默剧。你看着父母嘴张得大大的，眼睛瞪得圆圆的，有时还做出夸张动作，可是他们没有声音。

棉花糖收到消息后只回复了一句"哦，我尽量"，就没有再来消息了。

直到上周，她给我打来电话，说了她的神奇经历。

我厌学，我快乐

我当初自信满满地给了棉花糖两个建议，原以为她会回去尝试，结果她试了两天，发现自己完全没有办法"屏蔽"父母的大嗓门，于是她崩溃了。她把自己也卷进剧情里，有一天甚至拿起一根绳子跑到父母面前怒吼道："你们再吵，我就上吊。"

说着，她拿起绳子就满屋子找地方去挂。这时她妈妈慌了，一边指责都是老公的错，一边来抢女儿的绳子。

爸爸看见情况也偃旗息鼓，走到女儿面前劝她冷静。

但棉花糖回了爸爸一句："你们冷静了吗？"

上吊是不可能了，但第二天她就装病不去学校了，理由是浑身疼。

父母当真了，就给她请了假。她妈妈是全职主妇，所以一整天都好吃好喝伺候着棉花糖，而过去经常加班的爸爸也提前回家了，还带回棉花糖爱吃的烤红薯和酸奶。

那一刻棉花糖才发觉：原来我也是有爹妈疼爱的。

于是第三天，她又以身体不好为由，继续待在家里。关键是她演戏演全套，一副虚弱无力的样子，让父母完全相信她真的生病了，于是带她去了医院。

棉花糖悄悄把前一天妈妈端来的两顿饭全部倒掉了，就连爸爸买的烤红薯也忍着没吃，所以她是真的虚弱，这样也就顺利骗过了医生。

医生诊断说她是感冒了，导致疲劳困倦，需要回家休息。

于是她又获得了两天的休息时间。这两天里，妈妈继续各种温柔以待，爸爸的暴躁脾气也偃旗息鼓，家里一片祥和宁静。

棉花糖心里想，既然在家待着能够让父母这么安静，那我也不必在学校还担心妈妈被爸爸骂，爸爸被妈妈怀疑，那就一不做二不休，我不去学校了。

　　　　　　　　好的养育不焦虑

就这样，棉花糖的装病之旅开始了。从感冒到皮肤过敏，她过去用在学习上的脑细胞，全部集中用来装病了。

说来也奇怪，以前妈妈整天怀疑爸爸有外遇，爸爸嫌弃妈妈没有水平、见识狭窄。但自从家里唯一的孩子生病了，他们就都收起了对对方发射的机关枪，开始齐心协力地关心起孩子来。

所以棉花糖笑了，说自己好厉害。

"妈妈，你再不工作，我也救不了你。"

我问棉花糖："你原来的学习成绩怎么样？你和同学相处如何？"

她回答："我可是前十名的，而且我还有两个闺密。"

我再问她："那你待在家里这么久，你的学习、你的朋友怎么办呢？"

她说："其实我在家里躺了十几天就快要崩溃了，因为太无聊，加上我妈妈心情又不好，我感觉空气越来越稀薄，都快喘不过气来了。"

但她有一个奇怪的发现，那就是虽然妈妈担心她的身体，可在她不去学校的日子里，妈妈好像很安心踏实的样子，而且晚上还多出好多精力给爸爸做一桌子饭菜。

她又补充说："虽然爸爸对妈妈的态度还是不冷不热，但妈妈好像甘之如饴。"

那时棉花糖已经十五岁了，女孩子这个年龄其实懂得了很多情感上的事情，于是她自己总结了一个问题——妈妈十几年没有工作了，爸爸却是个总经理，所以爸爸嫌弃妈妈。

想到这里，棉花糖一身冷汗，觉得妈妈好可怜。于是她又有了新的计谋。

就在某个早晨，正当妈妈叫她吃饭，问她今天去不去学校时，棉花糖说："不去，除非你也去上班！"

妈妈惊呆了，说："那怎么行，家里谁收拾打扫？再说爸爸回来还要吃我做的饭。"

棉花糖反驳说："都是借口，明明是你害怕去工作，但你就不怕爸爸看不起你吗？"

这话像刀子，瞬间戳中了妈妈的心，据说当时妈妈就哭了。但几个小时后，棉花糖就听到妈妈在打电话问朋友，有没有工作机会可以推荐。

事情发展顺利，一周后妈妈出了一趟门，回来就告诉她："我要去工作了，还是做会计。虽然公司小点儿，但总比没有工作强。"

当晚，棉花糖给正在加班的爸爸打了电话，让爸爸回

好的养育不焦虑

家夸奖妈妈，结果爸爸问她："那你可以去上学了吗？"

棉花糖说："可以。"

当天晚上，爸爸买回来一个大蛋糕，一是为了表示支持妻子去工作；二是为了预祝已经休学两个月的女儿，可以很快跟上班级的学习节奏了。

剧情告一段落。

现在棉花糖已经是高二的大孩子了。我对棉花糖说："虽然你上一次说自己不能把父母当成演员，把他们的争吵当成是演默剧，但你自己却成了最佳女主角、最佳女导演，把你们家的这出戏演得那么好。"

棉花糖得意地笑了。

别让你的孩子来拯救你的人生

虽然棉花糖的事情听起来好像很可喜，也很有趣，但我其实从中体会到了很多无奈和沉重。

一个花季女孩，从小在父母的硝烟中长大，还要帮助弱势的母亲，要保住这个家庭不垮。谁知道她有多辛苦？谁知道她有多孤独？

所以，虽然她在电话里谈笑风生，但我知道她今日的成熟与年龄是极不相符的。

有一个道理众所周知：一个孩子如果过早懂事，那他也过早地失去了自由和快乐。

很多家长都抱怨孩子不懂事、不乐观、不上进、不自律……试图找一个捷径去修理孩子。假设我们把孩子当成一棵树，又会怎样呢？

孩子是树，家庭就是他的土壤，如果找到的土壤本身是贫瘠的，这棵树怎么有空间去发展自己的根系（安全感）？如果父母关系不和，动辄大打出手，那孩子又有什么能力去树立理想，向上发展（目标）？

不仅如此，如果孩子发现父母不幸福，父母的生存状态不健康，他们会无条件地贡献自己的力量，为家庭挺身而出。就像棉花糖，她厌学的副作用就是焦虑失眠，加上经常暴饮暴食，导致增肥十斤，青春痘长满脸。

我曾经在一次家庭治疗的课程上，看到一个同学止不住抱怨自己从小受到父母的打击和控制，毕生愿望就是逃离父母。结果当导师引导他通过冥想去和父母告别时，他一下子就心软了，说父母没有错，自己不该怪父母。

那一刻我们所有人都动容了，也是从那次开始，我相信一句话：一个孩子无论对父母说了什么话，做了什么行为，他从出生起就是忠于他的家庭的。

或许从意识层面里，他会对抗和叛逆。但从潜意识里，他愿意为父母做一切。

因此，如果我们真的爱孩子，并不在于我们为孩子付出了多少，而是我们能不能把自己的日子过好。不要让孩子成为自己或自己婚姻的拯救者！

如此，他们才不会成为下一个棉花糖，笑中带泪地说"你看我有多厉害"，而是大跨步地走向更广大的世界！

你在孩子面前大气不敢出，
这怎么行

我曾不止一次听到来访家长这样的吐槽：

> 我的孩子进入叛逆期了，现在根本不服管教。我
> 们一句话不对，他就脾气暴躁起来。所以现在的家庭
> 情况是，我们夫妻俩尽量少说话或不说话。如果孩子
> 心情好点儿，家里的氛围还没那么紧张；如果孩子心
> 情不好，我们夫妻俩大气都不敢出……

为什么现在的家长都过得这么惨？

我觉得，这个"惨"源自父母的认知偏差——孩子的
年龄增长了，但父母的意识却跟不上孩子的成长。这很容
易导致上面的局面发生。

我们先来拆解一下，文章开头家长的那段吐槽里，隐藏了家长的哪些"问题"，或者说隐藏了哪些引发孩子挑战的关键词？

第一，家长一般有一个固定思维，认为孩子只要到了一定年龄，就必然"叛逆"。

我曾经也有这种错误的认知，就是把孩子青春期的一些变化，认定为"叛逆"或"逆反"。很明显，这样的思维是负面的，而且是固定性的。

从发展心理学角度来说，其实根本没有什么所谓的叛逆期、逆反期，顶多有个独立自主期。即孩子到了一定的年龄，自我意识越来越强烈，他就希望为自己的事情把关、做决定，而不是事事都听命于父母。

在这个阶段，如果父母能领悟到孩子的这个"意图"，跟随孩子变化，给孩子足够多的机会让他们自己做选择，允许他们犯错，那么父母和孩子的关系就会越来越好，因为父母给予了他们最需要的东西——尊重。

反之，如果父母一直不放松对孩子的掌控权，孩子时刻感受到缺乏自由、缺乏自尊，他们就必然会进行对抗。这个对抗，也会随着他们年龄的增长而不断增长，甚至翻倍。如此，就很容易被大家误解为"逆反"。

另外，当父母的认知能够随着孩子的成长而改变，父母其实不会因为孩子的变化而沮丧和害怕的。相反，他们会觉得欣慰和轻松。因为他们知道那个小屁孩长大了，有自己的思想了，他再也不会什么事情都依赖父母了；他有独立思考的能力，他有外在的社交作为支持，他还能在错误中学习成长。

第二，家长把孩子看得太脆弱，害怕得罪他。

孩子长大了，家长需要为孩子提供更多的空间。但是，不代表家长就要把家庭的主导权交给孩子。这就涉及一个特别重要的内容，叫作课题分离。

简单说，就是每个人做好自己分内的事。

比如，孩子在做作业，那是在做他自己的事，父母就不要去指指点点、催促和纠错了。除非他让你管，否则你就不要插手。

与此同时，你也不能允许孩子对自己指指点点。比如，你做了饭，或者接过他的脏衣服洗完了，孩子还来指责你"这是做的什么啊，这么难吃""你怎么洗的衣服，还那么脏"。你会如何应对？你的内心会不会受伤？如果受伤了，你会如何表达？

这些是核心，如果你受伤了，却忍气吞声，这叫什么呢？这叫家庭序位混乱了。孩子变成了你的家长，这怎么能行呢？

而且，当孩子看到父母对自己唯唯诺诺、小心翼翼，他会愤怒，这个愤怒连带着一个问题：你们怎么可以这么懦弱？你们就不能拿出点儿父母的力量来让我佩服你们吗？

可我们知道，家庭是一个系统，如果一方显得特别虚弱，那另一方会如何呢？会"虚强"。这个就是病态的互动模式——孩子会体验到混乱，他会封闭自己，更加难以信任父母。时间久了，他们会觉得无助，因为连父母都这么胆小，那我可以信任谁呢？

很多家长说，我的孩子很难沟通，在我们面前趾高气扬、油盐不进的。其实，这很可能是愤怒，是对父母的不满。

有一个高中生来访者就跟我说："我的父母又惹事又怕事，好烦他们。"

孩子为什么这么说？父母是怎么惹事的？经过沟通后我了解到，其实就是父母不理解孩子，会盲目地给很多建议、提很多要求，而当孩子表示否定、提出异议时，父母马上就静悄悄的了。孩子说他都知道父母气鼓鼓的，妈妈还会哭哭啼啼，爸爸则骂骂咧咧。但越是这样，他就越觉得父母好烦，这个家好烦。

是孩子特别不懂事、不近人情吗？父母为了孩子付出那么多，孩子却只觉得他们烦？

但这就是现实，孩子在成长，他需要父母同步成长。

只有当父母不断地自我学习和成长，才会更加理解孩子每个阶段的状态和心理，才会更加懂得在恰当之时放手并信任孩子，才不会把自己搞得筋疲力尽、伤痕累累。

对于孩子的情绪，如果父母有能力接得住，那还有何惧怕的呢？

好的养育不焦虑

没有仪式感的家庭，
很难培养出强大和快乐的孩子

M女士来找我咨询的时候，非常沮丧，她说她觉得自己的孩子没救了。暑假期间，孩子每天睡到中午才起床，起来连牙都不刷就开始吃垃圾食品，吃完在沙发上躺几个小时看手机……

我问："没有提前给孩子的假期做规划和安排吗？"

M女士说："有啊，他已经初二了，但除了偶尔做一点儿作业以外，他不接受任何其他安排。"

据M女士说，她儿子在小学阶段还算"听话"，每天会早睡早起，回来会按时做作业，每周也会去上两个辅导班，但现在整个人变了。M女士原本以为孩子只是到了青春期要求独立，所以开始叛逆，但后来我从M女士的一个细节中发现了另外的原因。

因为那天 M 女士跟我视频咨询时，是穿着睡衣的。她当时给我的解释是：自己早上事情太多，又不想让我等，所以就没来得及换衣服。

我问 M 女士："你平时的生活安排是怎么样的呢？"

M 女士说："我一般早晨七点起来刷牙、洗脸、做早饭，自己吃完早饭后直奔菜市场。我买回菜之后，打扫卫生，然后看电视，等着做午饭……"

我问 M 女士："你是说你每天都这样？"

她说差不多。我又问："你觉得你这一天中哪个时段比较快乐？"

她半天摸不着头脑："都差不多。日子千篇一律，哪有什么快乐不快乐的，那都是偶像剧里的东西。"

我说："这就是问题啊，你的孩子并不是什么青春期叛逆，而是他缺乏对人生的追求，以及没有创造快乐的能力。"

M 女士问："那我要怎么做？"

我说："你们要在生活里增加仪式感。"

为什么这么说呢？

没有仪式感的生活，难以激发出目标

有一个读者小凡对我说过她家的情况。他们夫妻二人都有不错的工作，但都非常勤俭节约，丈夫无不良嗜好，妻子还在穿五年前的衣服，连化妆品都舍不得买。

至于过节，夫妻二人都是外地的，所以基本不过节，甚至连自己的生日都已十年没有过过了。

她的解释是："反正钱在我手里，我想要买什么可以随便买，蛋糕又不好吃，所以我觉得没有过生日的必要。"

"那孩子的生日呢？"我问她。

她回答："我们每年在春节时给孩子一千元，这个钱是一年的零花钱，也包括过生日的时候，他可以买点儿自己喜欢的东西。"

一千元包儿子一年的消费，这能带给他一年的快乐吗？我表示很怀疑。

然后我问小凡："你儿子性格怎么样？他对现在的生活怎么评价？"

小凡马上摇头："我就发愁啊，我感觉我一点儿抱负都没有，他说过'我干吗要努力学习啊，反正我花钱又不多'这种话。听到这话我好寒心呀，我们夫妻俩这么努力工作，还省吃俭用的，孩子怎么会这么不思进取呢？"

其实，他们家的这种症结，是太没有仪式感造成的。虽然一家人收入不低，但每天的生活千篇一律，没有惊喜，没有那种全家人参与的幸福体验……所以孩子才会觉得生活就是活着。

如果父母辛苦打拼的生活依旧"不过如此"，那孩子会有什么动力去竭尽全力奋斗呢？

没有仪式感的家庭，养不出感恩的孩子

我曾经看到一则新闻，说一个妈妈为了满足孩子买苹果手机的愿望，竟然让在外打工了一年的丈夫不要回家过年。说这样不仅省了路费，还能挣到加班费，这些钱加起来就可以买苹果手机了。

记者采访这个十七岁的孩子，问他："你父亲为了满足你买手机的心愿，连年都不回来过了，你感觉怎么样？"

男孩拿着新手机头都不抬，牙缝里挤出三个字："还好吧。"

很多人评论这个孩子冷漠、白眼狼，却不知道一个孩子变得这么不体恤、不感恩，是因为父母本身太不重视自己，生活太没有仪式感了。

在远古时代，人们为了生存拼尽全力，为了庆贺丰收、

犒劳自己，也为了把分散在四处的家人聚拢起来，所以创立了那么多的节日。

而无论社会如何发展，过节的意义远不止在一起吃一顿那么简单，还包括一家人聚拢一团，抛开疲劳和烦恼，尽情而放松地谈天说地，分享各自的成长和收获。这个过程的精神滋养，远超一顿普通饭菜的价值和意义。

充满仪式感的生活，才能养出幸福又有理想的孩子

八年前，我同事 BB 让我陪她去上海十六铺布料市场。我问："你要买布？"

她说："不是，我要给我老公和儿子各定制一套西服。"

她老公的体形比较瘦，但肚子却不小，所以买的西服都不太合身。孩子又是腿长脖子长，所以也需要定制。

她说元旦有个亲戚结婚，所以她希望儿子和老公都能穿着新西装去参加婚宴。

两套毛料西装，加她自己的一条毛料裙子，合在一起成了一家三口的亲子装，由于用料考究，花掉了她两个月的伙食费——七千元。

第二天早上，当老公在衣柜里找来找去不知道要穿什么时，她像变戏法似的拿出全新的西装来，仔细地帮老公

和孩子换上。顿时，一家三口像明星似的，光彩耀人。

据说参加婚礼的所有宾客里，就他们一家三口最闪亮，尤其是十三岁的孩子，穿出了贵族气质。

孩子非常开心，回来后总结说："妈妈，谢谢你那么用心，让我知道什么是得体，什么是隆重。我觉得这是生活中不可或缺的东西，让生活不只是平凡琐碎，还充满了非凡和特别。"

BB 说，他们家只是工薪阶层，但就是特别重视每个人精气神的培养。她作为家里唯一的女人，会把每个人的喜好都放在心上，然后选择合适的日子送上礼物，给对方以惊喜。

同时，她也不会遗忘自己，虽然平时都是她负责做饭，但每个周末她一定会提前选好餐厅，一家三口出去"撮一顿"。

这样既解放了自己，也改善了伙食，而且不像有些夫妻为了谁做饭的问题而徒增矛盾。

在这样和谐的氛围里，儿子是最大的受益者。他说："我以后也要过这样的日子，平时努力工作，定期犒劳自己，既会拼搏，也会享受，生活精彩又丰富。"

如今八年过去，听说 BB 的儿子已经考上了理想的大学，读了建筑系，说最大的理想是未来能够亲手建造属于自己的一栋房子，把父母都接来住在一起，三代同堂，其乐融融。

拥有最多富豪的犹太民族就特别重视家庭的仪式感，他们即使在最穷的时候，也会在节日里给孩子做美食，再苦也会在孩子生日的时候送上他喜欢的书。一旦手头宽裕了还会给每个人做一套新衣，以便大家出门拜访客人时，能有尊严而不失体面。

所以，犹太人虽然受到过很多非人的迫害，但他们却能够保持三样东西：高贵的自尊、源源不断的拼搏动力，以及永不熄灭的生活热情。

《小王子》里说，所谓仪式感，就是使某一天与其他日子不同，使某一时刻与其他时刻不同。

而正是这个不同，会让人觉得生活充满惊喜、充满希望，因而更加愿意为了这一刻的惊喜和希望，去努力和创造。

这个过程，甘之如饴，无比幸福。

父母对自己的人生负责，孩子想不优秀都难

在做亲子咨询时，很多父母都有这样的困扰："我为孩子付出了这么多，我和他讲了那么多道理，他为什么不改变呢？他怎么就不能懂事一点儿呢？"

这个时候我通常不给建议，而是带着来访者看看他们自己的身心状态是怎么样的。结果看完后，他们恍然大悟，继而愿意从自己下手，调整自己。

如何调整呢？其实很简单，只要做到以下三个方面：

对自己的情绪负责

曾经有一段时间，我很焦虑，因为我自己的作息时间很规律，每天早睡早起。但有了孩子后，特别是孩子上学

后，如果孩子起得晚一点儿，就如临大敌。

彼时，我并不知道如何处理自己的焦虑，而是直接下军令似的拉孩子起床，有时候还会加以惩罚、吼叫。

我和孩子的关系，一度因为起床问题亮起了红灯。

我曾在这个痛苦中挣扎了两年。当我发现自己无论怎么处理他都无动于衷时，我才明白不是他的问题，而是我情绪的问题。

我开始通过冥想来清理我的情绪，深入寻找我焦虑背后的原因。再后来，我就开始自我催眠训练，直接对潜意识进行工作——去除焦虑。

现在我的孩子还是那个孩子，但无论他说他起不来，还是说昨晚没睡好，我的心都安然不动，不起波澜。甚至我明知道是他想赖床，我都只叫他一次，然后就去做我的事情了。

没有批评，没有催促，把主导权全部交给他。

毫不意外，他很快就克服了困难。

还有很多父母本身是焦虑易感染人群，他们会把从外面引发的情绪传递给孩子，孩子就会变成"踢猫效应"中那只无辜的猫，受到无辜的伤害，也没地方喊冤。

而这样的次数多了，孩子会怀疑父母是否真的爱他，对自己、对学习的热情都会降低。

所以，父母要独立，这个独立不是指你懂得多少道理，而是你可以及时处理你的情绪，而不是要孩子替你承担。

我在婚姻里也承受了来自伴侣的不小压力，另一半因为工作原因，精神疲惫，导致情绪不稳，我就成了他直接宣泄情绪的对象。

若是十年前的我，估计要崩溃，或者跳入黄浦江结束生命了。

但我活成了一个奇迹。无论他对我做了什么、说了什么，都不会影响我保持我的生活和工作秩序。

我从未有一天因为他的原因停止工作，也从未有一天因为他停止热爱生活。

而我的孩子见证了这一切，虽然嘴里不言语，但他看到了一个人原来可以如此稳定，为自己的生活负责，却不去抱怨。

所以我从不需要提醒他乐观，教导他如何包容，因为我一旦做到了，他自然也就学到了。

对自己的经济和工作负责

多年前我对钱有一种愚昧的清高，认为钱无用，钱是臭的，人有钱了会变坏。这些信念带来的结果是，我没什么钱，做什么也做不好。

随着我的金钱意识提升，我知道钱是安全感、价值感的来源，是爱和力量的基础。

如果一个家庭没有钱，或者经常为钱发愁，养出来的孩子常常不够自信和缺乏安全感，因为他会大量吸收父母的焦虑和窘迫。

我在做咨询的时候，表面看他们都是来求助一个养育方式。最后我发现，很多人是金钱关系出了问题。

因为金钱上的不自由，导致人们不敢追求梦想，不敢发展自己的兴趣爱好，甚至连必要的社交和学习投资都舍不得。

父母对生活如此限制，孩子的生活就遑论自由了。

另外，很多父母在家里不断强调"钱是多么难挣，社会竞争有多激烈，工作有多辛苦"。他们原本试图以此鞭策孩子更加努力，变得卓越。但这对孩子的影响却可能是灾难性的。孩子会对未来充满恐惧，他会走上一条异常艰难的求生之路，甚至当有些轻松赚钱的机会找到他，他都会拒绝，因为他觉得赚钱是极为艰难的。

所以，父母要提升自己的金钱关系，充满对金钱的自信，这会积极影响孩子的未来。当机会来临，他们能勇敢去迎接；当他们接住机会了，他们又会相信自己值得拥有丰盛富足的生活。

人类的富足无非两方面：第一是精神，第二是物质。

这两者又相互影响，所以，如果我们希望孩子未来双重富足，首先我们要热爱自己的工作，同时经济自立不焦虑。

对自己的面子负责

我曾对自己的孩子说："妈妈之所以努力，一是我热爱自己的工作，二是我想成为你的骄傲。"

作家郑渊洁也说过："做父母的不要让孩子来为你挣面子，你要面子，就自己去挣。"

我非常认可。

而很多父母会追求前者，希望孩子出类拔萃，好在亲友面前有底气、有面子。

那孩子就成了家庭里的工具人，是很痛苦的。他不仅是为你在挣面子，更是为你在活。

郑渊洁说，他原来身体很胖，某个时期为了给孩子树立自律的好榜样，他减肥三十斤。

看着父亲不仅在工作上百分之百自律，在生活上也言出必行；父亲从不要求孩子为他脸上添光，而是自己不断努力变得更优秀，这个孩子的自律和勤奋就被启动了。

所以，无论你的孩子此刻有任何问题，多么让你苦恼，你都可以借由这三个方面去自查，你一定能找到方向。未来你只管自己努力，孩子一定会跟着你自律自强的。

父母越恩爱，
孩子越自信

在萨提亚课堂上，每当有人提问"到底如何养育出健康出色的孩子"时，台上的贝曼老师会重复一句话："维系好你们的婚姻。"

这句话很"大"。我当时听了不置可否，认为贝曼老师"不负责任"，只会说大道理，却不会来点儿落地的、实际的好建议。

现场有人和我同感，追问："我们的夫妻关系没有问题啊，为什么孩子还是不听话呢？"

贝曼老师很犀利地说："没问题不代表真和睦。而且只是你个人觉得没有问题，你伴侣是什么感觉，你知道吗？"

没想到当事人听完就呆住了，刚才还放松自如的状态，一下子变得紧绷起来。

贝曼老师洞察力很强，继续说："看来你想起什么了。你知道你的婚姻并没有你评判得那样美好，所以你接下来的时间，可以对你的婚姻开展工作，去找到其中不和谐的因素，并且想办法去改善。兴许下一次再见到你，你会兴高采烈地告诉我：'我和孩子的关系越来越好了，因为我的婚姻真的越来越幸福了。'"

我当时是将信将疑的，认为贝曼老师这个观点过于极端了，难道孩子真的不需要教养吗？光是父母你侬我侬就可以优秀？

直到最近几年，我从几个来访者的反馈里，得到了确切的答案。

D 先生第一次来咨询是和我吐槽自己的婚姻。他说他太太对坤包的爱胜过一切，说自己在家里就是一个赚钱的机器，太太不体贴，孩子不待见。

我问他咨询目的是什么，他说："我希望我老婆多点儿心思在孩子和家务上面，孩子的行为靠谱一点儿。"

我问他："孩子怎么不靠谱呢？"

他说孩子在学校打架正数第一，成绩倒数第一，不仅班主任经常找家长谈话，连校长都喊话说这孩子品德和思想都有问题，希望家长考虑转学。

D 先生很困惑，他说无论是自己还是老婆，脾气都不大，而且从小到大都很内向懂事，怎么养的儿子却暴躁得像个小狮子，动不动就惹是生非呢？

的确，父母是孩子的镜子。父母暴躁，孩子八成也会暴躁；父母平和，孩子不得跟着平和吗？怎么会出现相反的情况呢？

我想到了另外一个原因，于是立即和他核对："你和太太的亲密关系怎么样？你们最近一次拥抱是什么时候？"

D 先生觉得莫名其妙，说："你问这个干什么？我说的是孩子的事情啊。"

我说："这个问题很重要，你可以好好思考一下。"

最后他说："我们已经分床睡半年多了。"

我说："难怪，这就对了。"

D 先生和很多人的想法是：不吵架的婚姻就等于和谐。**其实不吵架的婚姻，可能已经僵化，或者已经从压抑各自的期待和不满发展到绝望。**

所以我告诉 D 先生："你的孩子就该是这个暴脾气，不然他得憋死啊。"

其实所有孩子都一样，他们虽然社会经验不足，情感表达能力欠缺，但他们犹如头顶有天线，可以随时接收到来自父母之间精微的情绪变化和情感变化。

假如父母感情不和，无论如何掩饰，都逃不过孩子的

　　　　　　　　好的养育不焦虑

眼睛，而且一旦他们察觉到家庭里的冲突，就会出现一系列难以释放的情绪。

一、紧张和害怕：担心父母反目成仇。他们的未来就不知道何去何从，家庭带来的安全感也瞬间瓦解。

二、自责和愧疚：有一个读者 A 说，他小时候目睹父亲打母亲。理智告诉他，那只是爸爸醉酒的失控行为，但他的腿却情不自禁地跪了下来，他哀求父亲放过母亲，并承诺以后零花钱都不要了，全都拿来给父亲买酒喝。

父亲当时糊涂地同意了，但是 A 绝望了，因为他得出一个结论：原来父亲这么生气，就是因为家里太穷了，没有多余的钱买酒。而他那时候在寄宿中学读书，每个月也需要七八百元生活费，要是没有这个支出，也许父亲就不会生气，母亲也不会受伤。

于是他笃信，都是自己的错。后来，这份自责孩子背负了整个青春期。

还有更普遍地引发孩子愧疚的原因，是当父母关系不和，无论父母脾气如何收敛，他们对彼此的不满和对婚姻的怨言，都会拿走他们对生活的热情和对孩子的耐心。

做饭变得敷衍，谈话变得生硬，如果孩子"不识相"缠着他们做点儿什么事情，他们就可能会把怨恨迁怒于孩子。

孩子不懂啊，他不知道到底是什么影响了父母的心情，只会产生一个联想：一定是我学习不够好，长得不够好，身体不够好……我无法给父母带来荣耀，反而给父母增加了烦恼。

所以都是我的错，才让父母这般不开心。

D先生在了解这一切心理逻辑后，替孩子捏了一把汗。他决定改善自己，做一个负责任的丈夫。

咨询在做到第八次以后，他一连上视频就笑得合不拢嘴："周周啊，我真是惊喜啊。老师传过来消息，我儿子最近半个月没有和任何一个同学吵过架了，课堂作业也准时完成。你说是不是奇迹？"

我说："是啊，孩子的奇迹，常常就发生在父母关系真正转变之后。"

而D先生就是在咨询过程中转变了认知，从那个"怨夫"发展到能够换位思考太太的处境，并放下过去"甩手掌柜"的架势，参与到家庭活动中来。妻子很快就被感动了，并且马上给予了积极回应。

从此，他们婚姻的冰山就渐渐解冻，而孩子在收到父母和谐的信号后，他的焦虑和紧张就逐渐消散了，就会想要做点儿好事情，让这个家庭变得更幸福。于是，孩子就越来越努力，也越来越懂事。

因为一旦你让孩子感受到父母之间那种深刻的爱的连接，看到父母彼此欣赏和支持，他们的心就会获得以下力量，去帮助他们更好地发展与成长。

自信

我曾经认识一个朋友，第一次见面就觉得她神采飞扬，做任何事都志在必得的样子。我就很纳闷，因为我觉得她的样貌、能力、智商等综合分数顶多属于中等水平，凭什么这么自信呢？后来我去求证她自信的缘由，得知她的父母非常恩爱，恩爱到早餐一份煎鸡蛋都要两人分着吃。

我问她："那你的感受是什么？"

她答："我很小就觉得肯定是我太可爱了，所以我父母很开心，而不是像隔壁老李叔叔家，摊上个不争气的孩子，所以天天吵得不可开交。"

孩子是最会自己总结因果的，而且还会自顾自认为这个逻辑是唯一正确的。

乐观

家是夫妻二人休息的港湾和疲劳后的充电站。

如果夫妻融洽有爱，那么他们无论在外面遇到何种困难或加班到多晚，只要踏进家门，他们的能量就会迅速提升。而且他们还会拥有一个信念：没有什么事情是过不去的，没有什么是干不了的，因为我身后有爱人、有家庭在支持我！

而作为他们的孩子，当他看到父母的互动模式，休闲时是亲密爱人，在困难面前又是并肩的战友，无论遇到何种事情，他都会觉得这只是暂时的，是可以克服的。他甚至随时都可以找到身边的资源渡过难关，就像爸爸找到妈妈、妈妈扶持爸爸那样。

情绪平稳

D先生的儿子为什么之前像个刺猬似的，动不动就扎人呢？

那是因为他从家庭里感受到太多的不安，他又没有能力去表达和处理这个不安，所以这个不安就日积月累，最后以愤怒的形式呈现出来。

假如一个孩子每天在家里都能感受到父母的欢声笑语，家里的氛围时刻都是轻松的、通透的、合作的、平稳的，那他不仅头脑判定自己在家里是安全的，他身体的每一个细胞都会充满"愉快和放松"的记忆。这些记忆会让他成为一个情绪稳定的人。

综上所述，如果父母和谐恩爱，家里充满爱的氛围，那么你的孩子大概率会成为一个乐观的、自信的、情绪稳定的人。

而一个情绪稳定又自信乐观的人，无论人际关系还是学业成就，都会比那些深处愧疚自责或恐惧焦虑的孩子更容易得到幸福和成功。

能干的孩子背后都有
"笨笨"的父母

　　我到了一个商场，看到一家服装店挺不错的，就进去挑了一件衣服准备试穿，营业员对我说："里面有位女士在试穿，请等一下。"

　　旁边有一个十几岁的女孩。里面的女士出来后，女孩立即走上前，帮助妈妈整理领子，铺平裙摆。而妈妈全程像个孩子，任女儿摆弄，最后女孩把妈妈拉到镜子前，说："你看看，灰色多衬你的气质啊。"

　　妈妈将信将疑，左看看右看看。女儿又说："你看看这个袖口和领口都很有设计感，裙摆也会下垂，显得你脖子更长，身材更挺拔……"

　　我听完不由得上前打听："小姑娘，你看起来才十四五岁啊，怎么这么懂得服饰搭配啊？"

　　　　　　　　　　　　　　　　　　好的养育不焦虑

姑娘妈妈开口了："我女儿是我的顾问呢，她从小就喜欢研究衣服，小时候还经常穿我的衣服和高跟鞋显摆。长大点儿就挑剔我的品位了，非要帮我打造新形象……"

站在一旁的女儿插话道："你就说我的眼光怎么样吧？"

妈妈立马像个小学生："的确，经过你的指点，同事都说我越来越年轻有气质了。"

顿时，这对母女勾起我的兴趣。我问姑娘："你这么用心地帮妈妈打造形象，那你妈妈怎么报答啊？"

她和妈妈相视而笑，说："她帮我做饭，还买奶茶给我喝。"

妈妈看我充满好奇，又补充一句："我笨啊，学习的事情我帮不了她，只能给她做些好吃的。好在她自己争气，自己都做得很好。"

说完，母女俩付完款就走了，留下我在原地久久回味：一个正值青春期的女生，可以挽着手和母亲逛街，还全程欢声笑语、和谐默契，这是什么原因？

我突然提取到妈妈嘴里的关键词——我笨啊。

我见过太多与之相反的父母，他们或是企业高管，或是教育系统的人，从职业属性来说，真的是属于智商比较高的人群。而正因为他们对自己的认知，和社会经验充分的自信，因此他们热切期待给孩子做榜样，为孩子做选择。

出发点是好的，但如果太过认同自己是唯一正确的、能干的，就会引发一个冲突：你的孩子是错误的，是不能干的。

我一个来访者说，他名校毕业，却很自卑，只要身处超过五个人的环境，他就不敢说话。

这一切都是因为他有一个特别能干的父亲。小时候只要他表达任何看法，甚至转述一则新闻，他爸爸就要出面纠正。

他爸爸执着地认为，如果自己不纠正儿子，儿子就无法优秀，就发展受限了。他没有考虑到，孩子还没有走入社会，就已经被他给限制了。

那么我们来看看，家里有个"聪明"的父母，会发生什么呢？

第一，在家里就被父母打败了。

比如，一个孩子成绩一般，好不容易考了九十分，希望获得表扬。结果"聪明"的妈妈马上说："九十分又没有什么了不起的，你妈妈我小时候可是得满分的。"孩子立即像霜打的茄子，怀疑自己，也怀疑人生。

第二，失去试错和探索的机会。

比如，有个孩子第一次穿衣服，或者第一次做手工慢吞吞的，还可能左右不分，把东西搞乱，桌子搞脏。

"聪明"的妈妈就不耐烦了："你都几岁了，连这些事情都做不好。"言下之意就是，我比你厉害，我比你行。

当孩子下次再尝试新鲜事物时，就会缺乏勇气和动力，因为过去妈妈的差评历历在目。

第三，自暴自弃，不敢求助。

当孩子遇到困难，受到挫折回来找父母倾诉，结果"聪明"的父母就大显身手，告诉孩子你该这样、你该那样。

可是心急吃不了热豆腐。妈妈越是求胜心切，孩子就越是心虚焦虑，结果往往是孩子没有领悟到，反而遭遇二次打击："我都这样教你了，你还不会，那我也没话可说了。"

"聪明"的父母为了撇清自己的责任，会暗示孩子我很聪明，我的教学方法也很好，只是你能力太差，所以学不会。

孩子如果敏感一点儿，会直接理解为："我是世界上最傻的人，我比不上父母一根头发丝，我完蛋了。"

这样的结果，往往是孩子从此自暴自弃，未来也不再会求助于父母，因为害怕被羞辱。

我的一个来访者说，她从小就在"聪明"的父母下巴底下求生存，二年级老师要古诗五首连背，她是全班背得最快的，一路小跑回来报喜，结果妈妈要求："背一个给我听听。"

她照做了，可背到一半，妈妈就打断了："你面无表情地背，这有什么用啊。我见过那些在电视里诗朗诵的孩子，他们声情并茂，眼光灼灼的。你这个不行，要带着深刻的情感……"

然后她就哭了，再也不喜欢背古诗了。

我也犯过这样的错。在辅导孩子功课方面，我在其他方面没有发言权，总以为在作文方面有指导权。

结果我十分"聪明"地去看儿子的作文，再告诉他你开头写得不精彩、中间情感太少、结尾不够有力度……

然后儿子就气呼呼地说："你是说我的作文完全不行呗！"然后他就怒了，说再也不让我看了。

我后来还死不悔改，又干预了一次，还给他创作了一次范文。再后来，我就彻底失去了指导他作文的权利。因为他说："如果完全依靠妈妈写作文，即使被老师表扬了，也不是光荣的事。"

我如梦初醒，顿时觉得自己智商为零，从那以后，也变成了只会做饭洗衣的"笨妈妈"了。虽然儿子并没有创作出什么佳作，但他对我态度更好了，学习反而更自觉了。

看过一个商界名流的采访，记者问他："听说你的家族三代都是农民，你认为他们是怎么影响你发展出这样优秀事业的呢？"

名流很幽默地回答："爸爸不管闲事，妈妈做饭好吃。基本我从小要做什么、不做什么，都是自己决定。"

这位名流讲述自己年少的经历时说，他如果需要找家里要钱，连省城都没去过的爸爸就问他："这是要去做什么时髦事情哦。"如果钱要得不多，妈妈就对他说："我娃反正不会去干坏事，放心拿去就行。"父母的"不打听，不怀疑"，让这位名流从小获得了充分的尊重。

后来他考上了重点大学，他爸爸的心愿就是"你带张照片，让我看看你的学校"；他妈妈则有点儿舍不得儿子，说："你去那么远的地方，怎么吃妈妈做的炖肉哦。"没有过分的张扬和兴奋，有的只是由衷的高兴和默默的祝福。

这对父母深刻知道他们自身有局限，所以一直把家里的大门敞开，让孩子可以自由地走出去，去做梦，甚至去造梦。看起来他们不聪明，但这是何等的大智慧啊。

所以，我们做父母的，可以在自己的事业上面更聪明、更面面俱到，但回到家里，最好能收起"过来人"的身份，更不要以专家示人。

孩子的自信是成长和成功的基础，如果孩子发现自己无论如何努力都无法超越父母，他们就会绝望，继而放弃努力。

假如父母"不那么能干、不那么完美、不那么确信自己是唯一正确的"，那么孩子就有了试错和进步的机会，他们不必担心回家被说教或遭受奚落，所以会有更多勇气去闯荡。

所谓的成功，就是闯出来的，而非父母教出来的。因此，做父母"少一点儿聪明，多一点儿傻"，真的挺好。

优秀的父母，
废话都很少

不知道你有没有听过这样一句话："父母越能干，孩子就越依赖。"从字面意思来看，就是父母在生活中包办太多，抑制了孩子的能力发展。

比如，我见过一个七八岁的孩子，他背后还跟着一个妈妈在喂饭；我见过一个十几岁的孩子，放学了妈妈还在帮他背书包；我见过有些孩子成年后去相亲，老母亲都会跟着一起去，生怕孩子不会恋爱，或者被骗、吃亏。

有位妈妈问我："不是说做父母的要不断学习，要强大和能干吗？我就是这样做的啊，我读书学习，上知天文、下知地理。我做这一切就是想让孩子觉得妈妈很棒，觉得有这样棒的妈妈很值得骄傲。"

话虽如此，但如果你一定要把你的能力从嘴里彰显出来，就有问题了。

还有一个妈妈，她英语特别好，因此她想当然地认为孩子的英语也一定会好。然而事与愿违，孩子的英语反而是所有学科中最差的。

妈妈不甘心，把自己以前背单词、学语法的笔记都找出来，奈何孩子的英语能力就是不见增长。

妈妈因此气急败坏，孩子的自信心随之碎了一地。

还有个女孩被爸爸送来咨询。单独咨询的时候，女孩说待在家里就会窒息，说渴望出去流浪。我了解了一下，其实女孩的家庭条件特别好，妈妈是高级教师，爸爸是企业高管，但她为什么要逃离家庭呢？

孩子说："他们的确从来没有打过我，但是他们太烦了。他们每天在我耳边不断地讲道理、谈古论今，千方百计游说我要好好学习，要成就一番伟大的事业。十几年如一日，他们把能说得出名字的名人故事都讲遍了，就希望我能成名成家。问题是，那是他们想要的，并不是我想要的！"

我头一次听一个孩子对父母不满意的原因，竟然是父母太能说了。

但回想起来，其实很多孩子的无奈，也跟父母话太多、道理太多有关系。

　　　　　　　　　　　好的养育不焦虑

而这种"太能说了"的背后，还暗藏着以下三种心理动机：

第一种心理动机：当孩子犯错了，父母本能地认为这是教育孩子的绝佳机会。

我有一个朋友说，有一次她的孩子打碎了家里的一个花瓶，她足足教育了孩子一个小时。刚开始孩子低着头听着，后来看孩子没有动静，原来是睡着了。

我问她："不就一个花瓶吗？你怎么那么多道理啊。"

她说："你可别小看这个花瓶，如果是个古董呢？再说了，他这么毛躁，以后自己成家了，到处是碎渣子，还怎么生活啊……"

还有个妈妈，她偶然看到自己女儿和一个男同学一起放学走了一段路。等女儿回到家，她愣是拉着女儿的手促膝谈心了一个下午。

后来女儿迷茫地问："妈妈，我以后还能和男同学说话吗？"

可想而知，当父母夸大其词、过度关注孩子的某个行为，并且大做文章时，孩子就会以为自己做了大逆不道之事。为了避免再次受到这种说教，她很可能会选择完全避免同类的事情发生。

比如，一个孩子在小时候给客人倒茶时打翻了茶壶，因此被父母狠狠说教了一番。本来他是有能力吸取教训以后平稳倒茶的，奈何父母的过激反应，导致孩子失去了纠正的动力。他直接决定，我以后都不要再倒茶了。

父母为何会拿一件小事大做文章来教育孩子呢？

因为父母心里有恐惧，他们总在担心这件小事背后一定藏着大事，如果不及时处理，后果不堪设想。所以，这类父母要解决的不是孩子的问题，而是他们自己的恐惧。

第二种心理动机：当孩子表达任何观点时，都插嘴打断。

我有一个邻居大哥，曾经是学霸，人也高大帅气。奈何他从来不敢在十个人以上的场合发言，这个致命的弱点导致他失去了很多展示自己的机会，在单位里屡屡升职困难。

究其原因，就是他小时候表达能力被那个无所不能的父亲"阉割"了。每当他从外面听了个故事或看到了一则新闻，只要他回家一开口想讲出来，父亲就总能找到机会来打断，并且通过大嗓门完美地把他的声音屏蔽掉，使他无法继续讲下去。

父亲还会指出他哪里说错了，哪里有问题。总之，他无论说什么，父亲都能把他的观点、他的故事批判一番，再告诉他应该这样表达、不应该那样表达。

大概从十五岁开始，他性情大变，在家里就像空气，再也不愿意说话了。

这类父母到底是怎么了呢？非得和孩子争个高低，非得处处证明自己是正确的呢？无疑是他们自己的价值感太低了，正因为他们潜意识里认为自己不够优秀，甚至不行，他们就会想尽一切办法，去证明自己是出色的、全能的。

如果你是这样的父母，一定要悬崖勒马。你得静下来先做一个练习，就是去确认自己是有价值的。就算你做一辈子听众，也是有价值的，那么你就不会在家里出风头，和孩子争高低了。

第三种心理动机：当孩子对父母有任何质疑时，你急于解释。

有位来访者曾跟我倾诉，说儿子居然问他："爸爸，怎么我们家开那么差的车，住那么小的房子啊？"

这位来访者很努力工作，但的确收入一般，他自己也不太满意。所以当孩子突然质疑他时，他首先是愤怒和伤心，后来他控制住情绪，就找孩子解释了。

他的解释分三个部分：爸爸没有背景，爸爸勤奋努力，爸爸满足了你学习和生活所需，你不应该质疑爸爸。

这三个部分他一共说了三个小时，孩子实在不耐烦了，就告诉爸爸："你至于吗？我就是觉得，你在单位那么辛苦还拿这么少工资不公平，你不如跳槽。结果你苦口婆心说了一个下午，你理解能力太有问题了。"

来访者很尴尬，也更羞愧了。

生活中我们经常会这样，只要孩子略带质疑地问我们一些问题，比如：妈妈你怎么不辞职陪我？你怎么不把自己变得更漂亮啊？你和爸爸怎么就不能更亲热一点啊？我们的某个神经就被触发了，因此极尽解释之能事。

这背后是什么原因呢？其实是我们自身价值感不够稳定，害怕遭到孩子的批判，以及害怕得不到他们的崇拜和肯定引起的。

真正价值感稳定的父母，其实废话是很少的。

当孩子抱怨时，他们沉默且专注地倾听，并不急于着手解决和干预，因为他们相信孩子有能力处理好。

当孩子在表达观点、诉说见闻时，他们充满好奇和耐心，引导孩子继续说下去，直到孩子表达完整，再给予鼓励："说得好，说得很好。"并且简单复述其中的片段进行呼应。

当孩子对父母表达质疑甚至愤怒时，他们能接得住孩

　　　　　　　　　　　　好的养育不焦虑

子的情绪，并不马上解释和澄清，而是稳稳地站在那里，以岿然不动的态度告诉孩子："我听见了，我在这里。"

他们的嘴是用来给予肯定和赞美的，而不是用来说教、打断和解释的。

他们的嘴是用来微笑的，而不是用来指责的。

所以，做父母千万别在"嘴上逞强"，更不要在言语上面面俱到，而应多微笑，少说话。

第 4 部分

让孩子变得自律和
专注的心法

要想改善孩子的问题,
得先从父母自身开始。

当父母能专注地和孩子对话，孩子的注意力就提升了

提到影响孩子学习效率的原因，大部分家长都能想到三个字——专注力。

包括我在内，当看到孩子的作业做得时间比较长，成绩不够好，都会认为这是他专注力不够的结果。甚至有些医学专家还会寻找孩子专注力不够的遗传基因和生理原因。

有些家长会如释重负："原来我的孩子是感统失调啊！由于他是剖腹产，没有经历产道挤压，以致他不仅肢体协调能力、手指精细动作，甚至注意力都受到影响。"

在前几年，我就感受到一阵感统失调。但凡孩子在学习方面存在效率低、成绩不够好的情况，家长或某些机构就认定孩子有感统失调，然后各种干预就来了。

但是，据我一个在儿童医院工作的朋友说，其实很多干预方式是无效的，甚至是不正确的。**而真正能够改善孩子专注力的资源，就藏在家庭里。**

为何这么说呢？剔除那些真正在正规医院做过检测，并且得出孩子是因为生理原因导致注意力缺乏的，其他孩子只是暂时性的注意力分散而已。

那么，是什么原因导致孩子注意力暂时分散的呢？

第一，父母的误解。

很多父母因为对"注意力缺乏"这个词耳熟能详，所以潜意识里对孩子缺乏信心，一旦孩子在一件事情上专注度达不到要求，就认为孩子是注意力缺乏。这其实是对孩子的很大误解。

首先，我们来看看经过医学和心理学调查后，得出的几个阶段孩子正常注意力集中的持续时间。

> 5 ~ 6 岁：10 ~ 15 分钟
>
> 7 ~ 10 岁，15 ~ 20 分钟
>
> 10 ~ 12 岁，25 ~ 50 分钟
>
> 12 岁以上，超过 30 分钟

　　　　　　　　好的养育不焦虑

如果父母并没有根据年龄段统计过孩子的注意力持续时间，就误以为孩子是注意力缺乏，这是非常危险的。等于是自己"误诊"了，还给孩子随意贴上"注意力缺乏"的标签。

而当这个标签不断被父母贴上，原本正常的孩子，都会在潜移默化中相信父母所说，逐渐变得只有三分钟热度，坐不住，也静不下来。

第二，父母自身思维太过跳跃。

有些父母思维太过跳跃。他们在陪伴孩子的时候，总是从这个话题跳到那个话题；或者陪孩子看书的时候，不能停下来细看，会不断地翻书，导致孩子不知所措。

我的读者张女士反映，她让孩子看书，结果孩子不断在翻书。后来经过我提醒，她回想后才发现，是自己老公有跳跃性思维，注意力不集中。在他的影响下，孩子明显只有三分钟热度，根本静不下来。

第三，孩子的行为和语言不断被父母干扰和打断。

除了父母在陪伴孩子的时候思维太过跳跃，还有以下几个方面，也是损害孩子注意力的雷区。

（1）打断孩子说话。

孩子从两岁开始，言语就很活跃，表达欲望非常强。如果父母能够耐心倾听，哪怕是孩子一些荒诞的言语也静下心来听，那么孩子言语背后的思维就会专注。反之，如果父母总是打断或忽视孩子的言语，孩子就无法继续，注意力就被破坏了。

（2）人为缩短孩子在一件事情上的专注度。

有些家长告诉我，我的孩子严重缺乏注意力，五分钟都坐不住。后来详细了解后才发现她有一个失误，就是把孩子学习看得太重，又没有童心。所以每当孩子正在用心搭积木，她就跑过去让人家看书；孩子正在马路边观察一朵花或一只小虫子，她又不耐烦地催他走。

这是很多家长的误区，认为只有在学习上面才需要注意力，其实不然。人的注意力表现在生活中的方方面面，如果家长一直在其他方面破坏孩子的注意力，也就同时影响了孩子学习方面的注意力。

（3）在孩子做作业的时候，不断去纠正错误。

记得有位教育专家说过，越是成绩差的孩子，越是需要父母的耐心等待。可往往家长因为心急、焦虑，从而做不到这一点。

于是就会发生这样的情况：孩子在写作业，父母在旁边做"纠错师",一旦看到孩子某个字写得不够端正,一个手指头就指上去,要求孩子立即改正;或者一道题算错了,父母也马上要求孩子重新算。结果是,孩子的思路不断被打断,压力也越来越大,作业做得越来越差。

如果这样的状况持续发生,孩子的注意力就会被严重破坏。那么,当父母察觉到这些后,有什么办法可以正向进行干预呢?

第一,给孩子换"标签"。

有的父母很擅长给孩子贴负面标签,拖延啊、不爱学习啊、多动啊、脾气大啊,都是父母根据孩子某次行为给出的负面总结,对孩子的发展非常不利。

这反映了父母的焦虑,以及对孩子的不信任。改善的办法,首先,父母要从心里信任孩子。每个孩子本身都是注意力完整的,所以无须和其他孩子比较,也无须过多为孩子担心。

其次,父母要从语言方面下功夫改变。无论在孩子面前还是在亲友或老师面前,都要用积极的语言形容孩子。

语言是带着能量的,当父母一遍遍说孩子的注意力越来越好时,不仅家长自己慢慢会吸收这句话,并且也会对孩子产生潜移默化的影响,让他们认同自己的注意力越来越持久。

这就是换标签的作用。

第二，家长自身保持对事物的专注。

有些家长每天玩手机，或者说话、做事持久度不够，也会对孩子产生负面影响。那么，要想孩子改变，家长自己也要把注意力提高。比如，在孩子旁边，认真地读一本书，哪怕认真读一本工具书或菜谱。这是给孩子做榜样。

另外，陪孩子参加任何活动都要带着耐心和专注。画画、搭积木、拼图，这些项目都能够培养孩子的专注力。如果父母能够陪孩子慢慢钻研，不仅父母的耐心会被激发出来，孩子的专注力也会大幅度提高。

第三，不打断孩子。

很多家长抱怨孩子不善于思考，不喜欢动脑子。但背地里，他们又经常否认孩子的想法，打断他们的思路。而正确的做法，是允许和鼓励。

①积极倾听孩子，允许他们天马行空表达自己，父母不打断、不干扰。

②除非涉及安全问题，否则允许孩子把一件事情做完，哪怕是在玩泥巴、捉虫子。

③陪孩子做作业时，以陪伴为主，除非孩子提出困难，或者邀请家长检查，否则在做的过程中，父母不要打断和干预。

当孩子做完一件事，哪怕有一分的进步，或者比过去多坚持了两分钟，家长都要给予肯定和鼓励！只有这样，对孩子的专注力培养和自信心的建立，才能有好处。

若想要孩子的专注力提高，还有一个窍门，那就是保持家庭内快乐轻松的氛围。父母少唠叨、少争吵，和谐愉快地相处，这样就会让孩子的安全感十足，做事情的专注度就会更高。

以上这些就是针对当今父母最重视的、关于如何提高孩子专注力的分析和策略。希望能够帮到广大家庭和孩子，让每个孩子都能在父母的信任和支持下，专注力更持久，学习更高效！

孩子抗拒做作业，可能是你破坏了他对学习的热情

就在去年九月，刚开学的某个早晨，上海下起了暴雨，我是被嘈杂的雨声吵醒的。后来做线上视频咨询时，我问来访者："你们那里天气还好吗？有没有下暴雨？"

没想到她这样回答："周周，下暴雨有什么可怕的，孩子开学才可怕呢！"

我笑着问她："你怎么这么怕孩子开学呢？"

她说："因为孩子作业没有做完，到时候老师会骂他，也会追究我的责任。"

说完，她竟然像个孩子似的低下了头，无助得像马上要面临人生劫难一样。

近一年的咨询里，这样的情况不少见，很多家长都在抱怨孩子暑假荒废了时光，不仅没有预习和复习，连作业

都没有完成。父母每天出门都渴望奇迹发生，孩子能奋起直追写作业。

然而一下班回到家，看到孩子那个"无所事事"的模样，心情又跌到谷底。仅仅两个月时间，大家对孩子越来越失望，对开学越来越焦虑。

是啊，早在前几年，就有人戏称破坏亲子关系的第三者就是作业。因为不提作业的时候母慈子孝，一提作业就鸡飞狗跳。大家对这个现象耳熟能详，但鲜有人会去思考，作业是如何被孩子讨厌，进而成为破坏亲子关系的杀手呢？

首先，我发现很多人有一个错误的认知：认为孩子就应该自动爱学习，爱写作业。

某天我在朋友圈发了一条消息：焦虑是人的天性，乐观是人后天习得的技能。好吃懒做是人的本能，勤奋自律是一种刻意为之的习惯……很快，这条消息收获了大量点赞。

那么，延展到孩子的学习上面，我们的父母却认为：孩子就应该爱学习，自律勤奋地写作业。若如此，你一定会失望。

因为孩子是普通人，普通人的第一天性就是逃避痛苦、享受快乐。

如果你看到一个孩子对做作业就像对糖果一样向往，

比玩手机游戏还要上瘾，这个孩子估计是有问题的。

你可能会反驳我："那你知道那些伟大人物，他们从小就立志要好好读书，他们根本不需要父母监督，就会自发地'头悬梁、锥刺股'，发狠劲去学习！"

是的，比如曾国藩，他并不是天才，但他就是特别勤奋，一首诗背不出来，可以不吃不睡，直到背会了为止；周总理从小的志向是"为中华之崛起而读书"。还有很多的历史名人，他们从小奋发图强，是因为他们心底有一个信念：唯有读书可以改变命运，改变个人命运，改变国家命运。

可现在时代不同了，国家繁荣昌盛，物质丰富，交通发达，你想知道什么，打开手机就唾手可得；你想看哪里的风景，买张机票很快就可以到达。

所以，你再对孩子说"你要努力啊，唯有读书可以改变命运"，孩子很难认同。因为他们早已衣食无忧，如果是独生子女，他们还可能尽享宠爱。

在孩子的潜意识里：生活已经很好了，努力的意义在哪里呢？

另外，现在是网络时代，信息过剩，每一条信息都在瓜分孩子的注意力。这就导致梦想和注意力双重稀缺。

①梦想稀缺。孩子不知道为什么要努力读书，他

的梦想顶多是父母告诉他的，比如考所好大学，找份好工作，将来买套大房子，开一辆好车……也就是说，他们努力读书，只是在重复父母现在的生活而已。这样是毫无吸引力的。

②注意力稀缺。十年前，我在市中心上班，每天提前半小时到单位，正好同事都没有来，我就开始看书。当时网络没有现在发达，我很专注，利用早晨的时间，一个星期就能看完一本书。现在，我看一本书中途会回复微信，偶尔还会搜搜微博，很容易就被打断了。孩子也是一样的。我们小时候除了上山、下水、玩泥巴，就没有其他更好玩的游戏了。可他们分分钟就被网络游戏吸引住了。所以你让他在这样充满刺激的环境里，自发地、认真地学习，是很困难的。

在这个年代，除了极少数有大梦想的孩子，普通孩子是不太可能从小就那么爱学习、爱写作业的。这是我们要了解和接受的现实。

第一，我们在破坏孩子与作业的关系。

阿德勒说："人的一切烦恼，都来自各种关系。"

虽然我们说孩子是普通人，他不可能天生就喜欢写作业，但并不代表每个孩子都厌恶作业。相反，一个孩子对作业极尽逃避之能事，那一定是他和作业的关系破裂了。

如何破裂的呢？无非是以下两个因素。

（1）父母在他做作业时充当"监工"。

孩子哪怕抬一下头，打一个哈欠，父母就开始唠叨："你怎么一做作业就犯困，一做作业就东张西望呢？"

胆小的孩子会因此紧张，不知道自己怎么安放手脚，中途也不敢休息。紧张来紧张去，时间就过完了。然后父母就大发雷霆，说他磨洋工。

如果这样的次数过多，孩子一想到要写作业，就开始焦虑。因为他已经把作业和被骂联系在一起了。

（2）父母不断告诉他"你做错了"。

有些父母很能干，自己在学习方面很有一套，于是就特别想帮助孩子，他们眼睛就像放大镜，不停地在孩子作业本上扫描。

字写歪了，让他重写；题做错了，让他立即重做。孩子的思路一次又一次被打断，自信心也就丧失殆尽。

于是，孩子一想到作业，就会想到被父母各种挑剔，对做作业的好感也就荡然无存了。

因此，如果你的孩子不爱做作业，可能是我们需要做一些修正，让孩子重新建立起对做作业的好感。

好的养育不焦虑

那么，**你要先接受孩子不会自发地热爱做作业这个事实。如果你不能接受，那你只会陷入莫名的焦虑，孩子也会被你的焦虑所淹没。**

你还要想办法，让孩子从做作业中得到快乐和成就感。既然人的本质是追求快乐、逃避痛苦的，那么，如果你让孩子觉得做作业是快乐的，他不就愿意做了吗？

比如，在他做作业之前先运动一会儿，哪怕十分钟，当他的身体放松了，情绪也会更积极。然后你给他独立空间，走出他的房间。

另外，假如你以前希望他一次坚持做半小时，那么以后先要求他做十分钟，时间一到就让他收起来，陪他玩，最好是互动游戏，或者开展运动。

身体再次活跃起来了，再回来做十分钟。闹钟一响，立即停止，就算他还想做，也要停止。这叫"饥饿营销"。我越不给你，你越想要。

直到我确认了，你是真的能静下心来了，我再让你"尽情"地做作业。

第二，让他获得成就感。

我在给学生做催眠训练的时候，无论孩子给出什么反应，我都说："好，你做得很好。"这就是心理学所说的，

给予一个抱持的环境。 让他始终觉得自己是被允许、被接纳的。

在家里也是如此，如果他做一件事总是被挑剔和被指责，从未有成就感，他的动力和热情就会被压抑。反之，如果你看到他做了作业，你都说"做得很好"，孩子就会得到成就感。起初这个成就感是来自外在的，当他因为外部激励养成了固定的良好习惯，他内在的动力就会被激发出来。这时候他会对自己提要求，让自己做得更好。

所以，如果你的孩子以前不爱写作业，试着从以上两个方面做调整，我相信孩子很快就会发生变化。毕竟，除了本能地追求快乐，其实孩子都是有进取心和责任心的。只要你保护好他对学习的热情，这些本能就会得到发挥和强化，他和学习的关系就会越来越好。

好的养育不焦虑

停止吼叫和催促，
才能让孩子变得更自律

很多读者问：我的孩子太慢怎么办？

我发现"慢"和"多动"，成了家长们反映最多的问题。

昨天去散步，逛了一家新店，老板娘看上去很有活力，聊起潮服和护肤品眼睛发亮，当我问她："你有孩子吗？"

她立即收敛笑容，回答道："有啊，读二年级了，真叫人发愁。"

我告诉她："我是做心理咨询工作的，你不妨说说看。"

她眼睛放光说："真的吗？我儿子特别慢怎么办？"

然后她机关枪似的，数落了儿子"慢"的种种事迹，无非是起床慢、做作业慢，等等。

听她的语速和气势，我印证了自己的直觉："因为你太快了，要求又太高了……"

"是啊，我是个急性子。"她承认。

"所以你儿子压力过大。他跟不上你的节奏啊，就会越来越慢的。"她恍然大悟。

为什么有那么多的"慢孩子"？

首先，很可能你们家有个急脾气的。

我要自我暴露，我就是个急脾气，而且往上翻找，我的父母甚至爷爷都是急性子。我儿时的记忆里，爷爷的吼叫如雷贯耳。现在想起来，爷爷那一声声对爸爸和叔叔的催促，都让我跟着紧张。

所以，我从小就习得了急躁的习惯，再加上我还焦虑。你脑补一下吧，我在对待孩子"慢"时，家里是何等鸡飞狗跳？我经常指责他："你怎么能这样呢？一点儿也不像我这样利索。"

因为急脾气，所以几乎给孩子的每一个指令，开头都带了一个"快"字。

现实情况就是，我儿子好可怜，经常因为达不到我的要求，无助地愣在那里，不知所措。

其次，随意给孩子负面的评价。

标签效应大家都清楚了，如果我们仔细观察，除非是基因的原因，没有哪个孩子做事情会慢的，但很多父母很容易以偏概全，看到孩子写字慢，或者吃饭慢，就立即评价："你就是个拖拉的孩子。""你就是慢吞吞。"

语言是有暗示作用的，当这些负面的评价多了，就会形成负面暗示。它进入孩子的潜意识里，影响孩子的行为模式。

最后，给孩子任务太多，孩子没有盼头。

在一个电视剧里看到一个桥段，孩子放学，妈妈就告诉她："赶紧做作业哦，做完作业可以看电视。"

然后孩子很自觉地就做了，而且速度很快。一小时后孩子做完作业起身去拿遥控器，没想到妈妈急了："还没有结束呢，妈妈给你买的课外作业也要做完的。"

孩子一看，读四十页书，写一篇读后感，顿时就泄了气，坐在那里磨洋工。

半小时后，妈妈看她才读了两页，很不满意："看书有什么累的，快点儿看，看完写完，就能看电视了。"

感觉被下套的孩子，已经丧失了主动学习的动力，任由大人嚷叫，也不为所动，最后挨了一顿打，全家过了一个糟糕的夜晚。

换位思考一下，如果我们大人在单位辛苦了一天，回到家又要加班到半夜，日复一日，我们的动力又在哪里呢？

如何做，才能让孩子具备正常的速度和自律能力呢？

首先，父母自己要放下焦虑。

要想孩子做得好，首先要让他感觉好。如果大人焦虑紧张，就会直接传给孩子，他们就会跟着烦躁不安，自动降下速度。

过去我很容易焦虑，对孩子有很多期待，当他做不到时我就生气，甚至和孩子发生争吵。

结果冲突发生了，又开始自责愧疚，"我怎么这么差劲""我怎么就是教育不好孩子"。这些情绪，都是负能量的，会导致孩子更加无助和无力。

要想改善孩子的问题，父母得先从自身开始。如果父母希望孩子有序管理自己的学习和生活，自己先要做到内心平和宁静。

过去几年，我们家有过很多不平静的早晨，都是因为儿子起床太慢。

近一年来，我和我的焦虑断舍离后，一切都变了。妙招是我早上只看两次钟表：一次是自己起床的时间，一次是叫孩子起床的时间。

不看时间就不会慌张，不焦虑就能从容地面对孩子。当我们从容了，孩子也会放松，起床就变成了一项愉快的事情。

其次，抓住他做得快的一次，及时肯定。

当我们盯住孩子的问题时，就看不见他的优点了。

有位妈妈问我："我女儿吃饭要一个小时怎么办？"

我问她："那她做其他事情呢？"

妈妈回答："她穿衣服挺快的。"

于是我告诉她，下次看到女儿穿衣服快的时候，马上去夸："女儿你动作好快啊，你才四岁就能这么快了，证明你的手很灵巧哦。"

这样带着欣赏的态度去夸奖，能够提振孩子的信心。后来这位妈妈告诉我，孩子真的变快了，因为希望得到妈妈更多地表扬，所以做事越来越积极。

最后，不要做"监工"。

记住这句话：最坏的陪伴，就是做"监工"。在学习知识方面，孩子显然是新手，如果父母本着老司机的态度不断去评判和指责，只会引发孩子的烦躁不安和紧张局促，两种情绪都会导致孩子拖延。

正确的办法是给他一定的时间，而且这个时间是和孩子商议后的结果，并且有调整的空间。比如，一顿饭在二十分钟内吃完，吃不掉就拿掉饭碗，等下一顿再吃，其间不给零食。最重要的是不去批判和指责孩子，这叫自然后果，非常有效。

作业情况照搬，让孩子自己在房间里完成，父母退出。

和孩子商议完成时间，有困难可在最后统一提出，这样避免了父母在一旁忍不住唠叨指正，也给予孩子一定的空间进行自我管理。

我过去就是"监工"式妈妈，有时候急得汗都出来了，孩子却在那里岿然不动，作业还是堆积如山。后来我选择撤离，他反而很轻松，当我看到他完成了，再给予及时的鼓励，他的自律就被激发出来了。

最后，请大家自问一句："我自己是怎样的人？是不是足够自律，从不拖延？"相信大多数人都和我一样，觉得自己达不到满分。

所以，当我们反观自己也有惰性，也有跟不上节奏的时候，就能理解孩子了。

我们都希望孩子将来有责任、有担当，但这些一定不是在父母的监督和催促下发展出来的，而是在父母的信任和欣赏下，逐渐呈现的内在潜力。

爱孩子是本能，但如何爱则是艺术。我想说，每个孩子都是积极向好的，比起说"我爱你"，允许孩子慢慢来，才是对他们最大的信任和尊重。

没有梦想和社交不良的孩子，
最容易得"空心病"

"空心病"这个词是三年前在网络上由心理专家提出的，特指当一个人在生活中找不到意义和价值感的时候，那种犹如行尸走肉般的生存状态。

据北京大学心理学教授徐凯文说，在北大这样的学校里，都有30%的孩子有厌学情绪，还有些孩子随时都准备放弃生命。

所以徐教授呼吁家长们，要重视孩子的心理健康多过他们的学业，不然未来孩子即使考上了理想中的大学，也仍旧不知道成功和幸福为何物！

很多家长就会苦恼和委屈："我到底要怎么做，才能让孩子活得健康和有活力呢？"

是啊，虽然天下没有完美的父母，但哪个父母不是在为孩子呕心沥血呢？

除却大环境给孩子的压力外，我们在孩子成长方面，还能做些什么，让他们既能够成长，又能够成才呢？

第一，给孩子充分的人生体验。

有家长问过我要不要办一个教孩子写作的课程啊？

我说："我不办。因为我觉得作文就是去体验生活，然后把经验和感想串联起来的过程，写多了就会有自己的方法和技巧，根本不需要额外去学习。"

有人形容现在的孩子像是关在笼子里的金丝雀。笼子华丽，食物精致有营养，看起来每个孩子都衣食无忧、有富贵命。但你若问他们快乐吗？十有八九是不快乐的。因为快乐是一种动态体验的过程，而不是一种物质堆砌的结果。

而且你越是把孩子保护起来，越是给他提供周到细致的服务，他的无力感、无意义感就会越强烈。

因为他的生活都是你在帮忙代劳，你变成了他生活的主角，一旦你不在身边，他就会失序失控。那么他的沮丧不安就会如影随形。

因此，我们需要给孩子解锁，把生活的主导权还给他们：让三岁的孩子独自吃饭、走路；让六岁的孩子独立睡觉，自己做早餐；让八岁的孩子自己整理书包；让十岁的孩子帮妈妈洗菜、打扫房间……

另外，把孩子推出去，推到大自然的怀抱里，带他们跋山涉水，打球射箭，让他们通过各种丰富的体验，从而对世界有更多元的认识。

我就特别重视我的孩子的体验感。从三岁开始，我们每周末都会风雨无阻出去玩，市区里大部分的公园、图书馆、博物馆，我们都走遍了。还会去看话剧、听相声、观看各类大型赛事……

这些事情也许比起早教、上补习班来说，没有立竿见影的效果，但我知道，它们丰富了孩子的内心世界，也增加了他对世界的认识。

正因为走过很多路，爬过很多山，看过很多人，所以，他在写作的时候，素材会比较丰富，和其他孩子交流的时候，话题也会比较多。

第二，鼓励孩子建立多样化的社交。

很多商业成功人士都提到，二十一世纪需要的人才类型，除了科研和创新型人才，社交的能力也很重要。

而从心理学角度看孩子的发展，一个在社交方面有自信的孩子，不容易对生活产生厌恶。他们会因为在与人交流的过程中，感受到温暖和共鸣，从而对生活有更多耐心和热情。

一旦他们发展出高质量的友情关系，他们就多了一条疏解情绪的通道，也多了一个坚固的支持系统。当他们遇到困难，遭受挫折时，他们会比没有朋友的孩子，更容易恢复动力和信心。

而在"空心病"的群体当中，那些孩子就是因为从小活动范围很狭窄，原本可以拿来发展社交的时间，都被学习霸占了。甚至他们和同学的交流，都只能通过下课的十分钟，或者补习机构里的匆匆一见。

有心理学家说，一个人能否积极乐观地看待生活，应对困难，取决于他的身体里是否存有很多快乐的、温暖的回忆。

如果一个孩子从小就拥有很多好朋友，那他快乐的回忆就会很多。他伤心难过的时候只要想起这些，就不容易放弃，更不容易绝望。而朋友之间的安慰和鼓励，会让他明白，自己是一个有价值的、被关心的人，因此也会更加珍惜生命，热爱生活。

第三，创造学习成绩以外的成就感。

现在厌学的孩子年龄跨度很大，从小学生到大学生都有，其中还有一个特点——他们很多都曾经是学霸。

为什么呢？因为这些孩子从小就很努力学习，一路顺风顺水，成绩从来都是稳居前列，没有受过什么挫折。正因如此，他们对自己的定义就是：我是无所不能的，我是无人能及的。

带着这样绝对化的自我认知，他们一旦进入高手如林的重点高中或名牌大学，挫败感就会不请自来。因为比自己优秀的人实在是太多了，而且有的高手还不止成绩好，而是各个领域遍地开花。

于是，孩子的信心被瞬间摧垮了，从认为自己无所不能，到发现自己一败涂地。

因此，他们失眠、焦虑，甚至逃避学习，因为学习不再能引发他们的荣誉感。相反，还会暴露他们的不足，让他们感到羞耻。

那么，为了避免这种"一失足成千古恨"的现象发生，我们就要发展孩子学习以外的多种技能，让他们的成就感不再仅仅依靠学习这一条路来获得。

无论是运动、手工、画画、音乐，只要是孩子自己喜欢的，就陪伴并鼓励他们坚持，让他们在其中体验到充分的乐趣，让他们在获得艺术和运动滋养的同时，还能增加自己多领域的自信心和价值感。

第四，发掘孩子的梦想。

我们经常让孩子建立短期目标，比如，你期末考试总分多少，你中考要考到哪个中学？这些可以给孩子起到短暂的督促作用，但要想让他们真正自律和健康地生活学习，我们还需要引导他们建立更宏大的目标，也就是梦想。

这个梦想有两个特点：其一是很大；其二是能够为社会创造价值。

乔布斯要改变世界，所以创造了苹果手机；麦当劳叔叔要让所有在加油站等候加油的人免受饥饿之苦，所以创造了速食之王汉堡包。

著名的漫画家蔡志忠说起他的育儿经就强调："细节上我从来不过问他们，但我经常会问他们的梦想是什么，未来想成为什么样的人。"

提问会启发孩子思考，有了思考，他们就不会迷茫，不会沦为行尸走肉。

如果一个孩子从来就没有梦想，他的家里又有八套房子，那他会问："如果读名牌大学是为了挣钱买大房子，过小康生活，那我家里已经有那么多房子了，我还努力读书干什么？"

假如作为父母，自己在勤学苦读之后也没有过上理想的生活，孩子也会认为那读书是无用的，最多像自己父母那样，那么还不如不读书好了。

因此，激发孩子的梦想很重要。有梦想，他内在的动力才会被激活。

比如，我的孩子的梦想是造出带翅膀的汽车，让全世界都不再堵车。虽然这个梦想并不一定能实现，但每当想起自己的这个创意，他就会很心动，也会觉得自己了不起。

因此，如果你做到了以上几条，你的孩子一定不会得"空心病"，因为他已经找到了生活的价值和意义。他的内心既丰富又有力量，一旦他拥有了梦想，就会自动朝着梦想去努力，成为最想成为的那个人。

当孩子说"我考砸了"，
我们该如何回答呢

　　每当孩子考试出成绩的时候，家长的心都揪得很紧，盼着出成绩，又怕出成绩。前者是希望孩子考得好，后者是害怕面对孩子考砸了。

　　我也有同感，这里分享我的一段亲身经历。去年期中考试那天早晨，儿子非常焦虑，刚起床就耷拉着脑袋，说想起考试就害怕。

　　我看他平时的周考像做作业一样轻松自如，就很纳闷为什么这次那么紧张。

　　可是光分析原因于事无补，我就顺嘴说了一句："那我给你做个放松吧！"（辅导学习我不擅长，所以我就做专业的事，那就是催眠。）

　　我只给他做了十几分钟的身体放松训练，做完他起来明显神清气爽，吃饭时胃口也不错，吃完到学校门口，再也没有提过"紧张"二字。

直到他爸爸接他回来，他一见我就低下了头，我一看就懂了。我蹲下身来，什么也没有问，他自己就说了："考砸了！数学考坏了，英语也考坏了，就语文好点儿……"

（我的小心思是：当天状态那么好，仍旧能考砸，那只代表一个原因，他平时功课没有学好。）

接下来他脸涨得通红，眼泪一颗一颗往下掉。

要是在八年前，我估计很快就绷不住了，要么是心揪到一起，要么就是一团怒火蹿上来。然而那一刻，我出奇地平静。

我没有评判，没有质疑，也没有追问，只是拍了拍他的背，给他擦了一下眼泪。终于，他的情绪慢慢平静，眼泪也止住了。

我开始问他："你觉得这是什么原因呢？"

他说："卷子太难了。几个同学都说了……"

显然他开始归咎于外因，想逃避责任。我说："哦，原来是这样。你可以留意一下，如果班级里过半的人都考砸了，那肯定是出题不合理。"

然后我就不再说话了，让他自己反思。

他点了点头，明白我说的意思。接下来我和他爸爸聊其他事情，没有再讨论他的成绩。事实上，我不再讨论这个话题，除了对他的状态保持好奇，还有一个信念：这件事对他的成长是件好事。

第二天早晨起床，我又明显发现他的情绪不积极，往常一起来会蹦蹦跳跳，再不济也会微笑，但今天却绷着脸。

我走过去还没有问，他就对我说："今天发卷子了，我不想看到分数。"

我知道这是我们对话的好时机了，就问他："如果要你把这件事分个好坏，你会怎么分？"

他说："坏，因为我没考好。"

我说："那我们就来讨论一下，如果从你自己的角度分析，你认为是自己的哪些情况导致这个结果的呢？"

他说："我最近比较松懈，也不爱做题了，有时候还很粗心。"

我说："那太好了，考试就是来检验你前面的学习效果和状态的，今天你已经通过这次测试总结出来了，这是好事啊！另外，你过往几个月里，用了几分力气在学习上？"

他说："五分。"

我说："太好了，如果你用八分的力气，会产生什么结果呢？"

他说："肯定会考得好很多。"

这时候我看着他的脸色已经好了很多，而且心里开始盘算要怎么制订计划了。

我并没有给出什么建议，而是给他交了一个底："你可以去问老师，也可以参考你同学的方法，去找到适合自己提高学习成绩的方法。需要我出钱出力的地方，我会不遗余力。"

我们的对话就这样结束了，然后我看他的眼神也有了一些亮光。

很多人喜欢听、逆袭、反转，甚至出现奇迹的故事。

这里不会有，有的只是我的一段段经历，一段段对话。

我并不知道我的孩子未来会怎样发展，甚至不知道他下次考试会不会有进步，但我有一个信念：他是一个优秀的孩子。这句话还有一个隐含意义：我相信他有自己的节奏，这个节奏会激发他的潜能。

每当我这样想，心里就会有暖暖的感觉，给我带来踏实和安定。

当然，千千万万个家长都这么想过："我的孩子是优秀的孩子。"但那是用头脑逼自己这么想的，他们的潜意识其实并不认同。所以当孩子的成绩一有浮动，他们就比孩子更加紧张和焦虑。

我曾经也是如此。当孩子说他考得不好，我会不敢看他那张沮丧的脸，我会过度心疼他，甚至可怜他。关心则乱，我会急于给出建议，然后又不忘批评他懒散，不思进取。

但现在我可以安然不动，就在那里看着他通过我穿针引线式的提问，去掀起他内心的波澜，再借这样的扰动，做出符合他的调整。

今天依旧五点起来，当我开始例行冥想的时候，我耳旁突然响起一句话："这是一棵楠木。对的，是楠木，所以不像小葱能很快长大，也不像月季，月月盛开。他是楠木，连破土都需要耐心等待。"

经常有人问："孩子表现不好，心情不好，我怎么安慰他、帮助他呢？"

我想表达以下三个观点。

第一，先理清楚"表现不好"是谁的结论

如果是孩子认为自己表现不好，那他的改变和提升就已经开始了，你只要陪着他就足够了。如果像电视剧《小舍得》里的子悠妈妈那样，把每天玩命补课和做题当成唯一表现好的标准，显然是不合理的，反而要改变的是我们，而不是去修正孩子，让他满足我们"表现好"的期待。

第二，弄明白孩子到底需要什么样的安慰

安慰是不需要技术的，共情也不需要技术，要的是父母的心态。在应对孩子的情绪时，你的状态怎么样？你会不会紧张害怕，会不会烦躁不安，会不会有很多评判，甚至憋出一大堆道理？

只要你的内在不稳定，无论你是拍着胸脯对孩子说"别难过，有我在呢"，还是说"孩子啊，我教你一个办法，

你下次就能做好了"。孩子始终接受的，还是你翻腾的情绪。因为所谓的交流，语言的影响只占 10%，而肢体、语音语调的影响力才是深入人心的。

因此，孩子本身是不需要过多安慰的，他需要的是父母状态的稳定。当父母稳定了，他就感觉身后有靠山，就什么都不怕了，今天败了倒了，明天还能爬起来再战。

第三，明确孩子是否真的需要帮助

过去我认为佛家说的"人性本自具足"是个空中楼阁式的概念，说起来好高级，但没有可操作性。

现在我越来越明白，这句话是对的，包括我自己和孩子都是"本自具足"的。一旦你参悟到了这一点，你过多的焦虑、恐惧，以及灾难性思维就会烟消云散。

而且你会知道，孩子不需要帮助，他们只需要榜样、信任和在困境下的理智引导。

比如，我希望他有成就，那我自己先做些成就出来，让他看到创造成就的过程是怎样的。而你对他的信任，会带动他对自己的信任，即使今天摔到头破血流，他依然能靠着你的信任，相信自己明天能继续奔跑。

最后是你的稳定感。你不慌不乱，不怨不叹，他就不会攻击自己，以及花精力为自己开脱。他就更容易找到自己的节奏和方法，跨越低潮，做回优秀的自己。

孩子被欺负了，
千万别一味让他忍让

从孩子三岁开始，他们就要逐步进入社会，而最典型的社会性机构就是幼儿园和学校。这些地方虽说相对外面要安全许多，但还是存在某些风险。

那么，**哪些孩子容易成为受害者呢？**

首先是性格比较内向的孩子。他们在课堂上不善表达，回答问题不够活跃，因此无法受到老师重视。而当其他孩子察觉到这一点后，就比较容易去挑衅这一类型的孩子，一旦挑衅成功，并且对方没有还击之力时，这样的挑衅和欺负就会变本加厉。

其次是心智发育慢一些的孩子。这些孩子或许是过早入学，或身体发育比较慢，导致他们在语言表达和体力方面都不如其他孩子，因此可能遭受其他孩子的嘲笑、攻击等。

如果长期受到欺凌，对孩子本身会造成什么影响呢？

第一，开始畏惧社交或学校。

初入小社会的孩子遇到如嘲笑、殴打这样的事件，会容易在心里播下恐惧的种子，而且这个恐惧会泛化到对学校的恐惧。因为这些事件是在学校发生的，所以学校就成了一个可怕的地方。

有一次我在新闻里看到一个中班的孩子怎么也不肯去幼儿园，后来经父母和老师调查发现，原来这个孩子经常被一个同学拖拽头发，那个孩子比她高半个头。

以前，我邻居家的孩子毫无征兆地在半夜突然发高烧，还伴随着说胡话，原因也是白天被一群孩子摁在地上揍了一顿。可悲的是，她还不想告诉父母，生怕父母去告状，其他孩子会变本加厉地对付她，所以这个恐惧的种子就一直埋在她心里，直到引起心理疾病。

第二，容易产生不合理的信念。

孩子对世界的认知，是通过家庭和学校来建立的。如果一个孩子多次在学校经历被欺负、被伤害，他就会认为外面的世界是可怕的，人与人之间是不友善、不团结的。

我曾在心理类电视节目里看过一个案例：有个孩子到了初中都没有一个朋友，可他父母社交很正常。心理专家就问他："你是从什么时候开始不愿意交朋友的呢？"

他回答："小学一年级。"

专家又问："当时发生了什么事情吗？"

孩子回答："我总是被人吐口水，我烦透了。"

原来如此。一个刚进小学的孩子，就有了被同学吐口水到身上的经历。他把这个经历解释为：同学没有什么好的，我才不要和他们一起玩呢。

第三，形成自卑心理。

去年有个高中生问我："老师，为什么总是我一个人被人家嘲弄呢？是不是我不够好？"

其实这个孩子学习成绩非常好，又勤奋努力，但奈何她天生个子矮小，从小到大都是被同学欺负的对象。对此她的解释是，一定是我自己不够好，要不然人家怎么光找我呢？

如果这种心结不解开，这个孩子未来的生活都会受到自卑心理的阻碍。

当孩子遇到欺凌事件时，家长该如何预防和干预呢？

第一，和老师保持密切联系，及时掌握孩子动态。

据一个幼儿园安全调查显示，大部分被欺负的孩子，他们的家长都忽视了去了解孩子在学校的状态。一旦家长自身不重视，老师又因为忙碌而无暇一一照顾到，那么某些孩子的一些糟糕经历就没有人知道了。

正确的做法是，父母不仅要经常和老师联系，当孩子回家后，也要第一时间观察孩子的情绪状态，并进行必要的对话，来了解他和同学相处的具体情况。

这样做，一来会给予孩子强大的安全感，二来即使发生了一些事情，家长也可以马上联系老师进行处理，避免给孩子留下阴影。

第二，父母要训练孩子进行自我保护。

我觉得在孩子入学前，除了要在学习上做一些知识储备，父母还有必要教会他们一些自我保护措施。比如，不要和陌生人说话，不允许他人碰触自己的身体；另外，当同学欺负自己时，自己要有技巧和力量进行抵挡。

在日本，父母不仅教会孩子要团结，同时也会通过一些体育锻炼，来增强孩子的身体力量，以起到保护孩子的作用。

另外，父亲在孩子心中常常是最厉害的人，由父亲给孩子示范如何防范攻击，会有事半功倍的效果。

第三，欺凌发生后该这么处理。

第一步：立即查验孩子的身体，确保孩子没有受到严重的伤害。

第二步：和老师及时沟通，查明情况。同时告知对方家长，表达自己已经知道自家孩子被他家孩子欺负的过程，希望对方引起重视。

第三步：要求对方道歉。

如果确定孩子是被无辜欺负的，一定要做另一件事情，就是请那个孩子当着全班同学的面，给孩子道歉。对于被欺凌的孩子来说，他们在被欺负的那一刻，人格和自尊就已经比对方矮了一截。

因此，当事情经过已经调查清楚，除了让对方家长表达歉意，还要让那个"肇事"的孩子站出来，当着同学和老师的面，公开给受害的孩子道歉。

道歉会对两个孩子产生很大的心理冲击：受害的孩子会感受到自己的尊严找回来了，不再低对方一等了。而且在众多同学和老师面前，他会感到自己充满安全感；而对于制造伤害的孩子来说，他也体会到了一个人犯错后的责任和担当。他也会纠正一个认知，欺负人不算强者的行为，那么未来，他会变成一个更加友善，甚至同情弱小的人。

第四，鼓励孩子通过自己的力量赢回来。

日本企业家稻盛和夫说，他在小学的时候，一旦在外面被人欺负，回到家向妈妈告状后，得到的回应都是："赶紧回到那里，打赢了再回来！"

当他成人后再回忆这些事情，非常感激母亲那时候把他推出去，激励他去赢得自己的"战斗"。

这并非支持孩子以暴制暴，而是鼓励孩子看到自己的力量，学会自我保护。赢得"战斗"，对孩子来说意义重大：从小可以通过自己的力量捍卫尊严，那么未来，同样可以通过自己的力量，抵挡任何侵袭，创造美好人生。

因此，无论你的孩子多大，都请关注他们在外面的安全，这既是夯实孩子的安全感，也是保护孩子自尊心和自信心的过程。

如果孩子的童年能平安度过，长大了就更容易获得平安的人生。

如果你托起孩子的梦想，
孩子想不成功都难

　　有一天我去买水果的路上，听到一个刚放学的孩子兴致勃勃地对他妈妈说："妈妈，老师说我画画挺好的，让我报一个课外的美术班。"

　　这位妈妈几乎头都没转就回答："你画画哪里好了？我怎么没有发现。你还是把心思花在学习上吧，你最近的小测试就下降了三分。"

　　你几乎无法想象，这位母亲语气里那种不耐烦和敷衍，是对待一个急需鼓励的孩子的。孩子本像昂首朝阳的鸡冠花，被母亲这样毫无商量地拒绝后，就如同一根被雨水打过的豆芽菜，瞬间直不起腰来。

　　我不知道这位妈妈是做什么工作的，如果她是市场卖衣服的，她能否天天保持稳定的销售量，能否将过季的衣服卖出潮衣的价钱？

如果她是酿豆腐的，她能否天天一早就将豆腐卖空，无论雨天还是晴天？

如果她是一个家庭主妇，她每天做的饭菜，是否也顿顿像流水线作业下来的标准产品一样，每一批都毫无差异呢？

如果不是，那她有什么理由让孩子次次都考一百分，眼里连九十七分都容不下？

这样的母亲在生活中并不在少数。她们不是陪伴者，不是欣赏者，而是专门拆孩子的台，终结孩子梦想的黑手。

如果把孩子比作一颗种子，那么父母的鼓励就是阳光和水分。有了这些，他们才能茁壮成长。

父母的鼓励和认同到底有多重要？

这个问题，我觉得舞蹈家、主持人金星更有资格回答。金星虽然自己曾是男儿身，但心里却住着一个女孩，不喜欢摆弄刀枪和汽车玩具，反而更喜欢穿裙子，玩芭比娃娃。

父母其实很早就发现了这个孩子行为的怪异，但他们并没有拆穿她、羞辱她。我想如果换成上面那位路人家长，一定会觉得家里遭到了灭顶之灾，这孩子不正常，必须把她关起来，强迫改正，否则影响家庭门风和自己的颜面。

金星的父亲是军官。大众印象中的军官，一般是治家如治军，严厉不容分说，而且比普通百姓更加讲究规则。

可是，在一次采访中，记者问金星，父母对于自己想要变性持什么态度时，金星说："父母居然态度一致地回答，你想好了就去做吧，我们知道你小时候就开始想做女孩了。"

或许正是有了家人的鼓励，才让她在手术中无论面对多大的痛苦，都没有想过放弃。她的父母真的让人敬佩，他们完全放下了自己的面子需求，完全和孩子站在一起，就那一句"想好了就去做吧"，让金星得以获得完美的新生。

有句名言："对于全世界来说，我们是不起眼的一个人，而对于某一个人来说，我们却可以是全世界。"我想说，对于金星来说，她的父母无异于就是她的整个世界。有了父母的支持和理解，就算整个世界都不认同她，她也能坦然面对。

放下"面子"，才能养育好孩子

记得有位教育专家说过，如果家长总是把自己的面子放在第一位，那他的孩子要么将来叛逆，要么一辈子都无法做自己。

在2019-11-09期的《朗读者》节目里，聋哑人杨乃斌和他妈妈一起来参加节目了。孩子从小就被诊断为先天性听障，他母亲得知这个诊断后，心情不言而喻。

但这位妈妈很快就振作起来，而且下了一个在常人眼中难以接受的决定——陪孩子一起去读书，而且是进入正常的全日制学校。

她从孩子六岁起就去陪读，和儿子坐一张桌子。课堂里，儿子看老师的口型学习，而她则负责全程抄写笔记，回到家后，再将儿子不会的部分反复讲解。

她坚持了十几年，一直到儿子顺利考入大学。这位母亲的付出和坚持是普通人难以做到的，而最感动我的是，当主持人问她："儿子刚上学的时候，会有人笑话你吗？"主持人本想问她是怎么面对的。

这位母亲笑呵呵地回答："没有啊，孩子们都很好的，不仅不会笑话我们，还和我们一起玩呢。我教儿子和同学们打招呼，和他们一起玩游戏，他们都很喜欢我。"

那位母亲这样说着，脸上充满了爱的光辉。这爱不仅是对孩子的，更是对世界的。

她不觉得孩子的病是一个大缺陷，只要肯努力学习，将来在社会上就能有一席之地。她也不觉得孩子的与众不同，会遭到社会的嘲讽和排挤，因为在她的眼中，世界就和她一样，善良而美好。

这个孩子是何其不幸，得了这个罕见的病，而且无法治愈。他又是何其幸运，有这样一位陪着他一起努力的母亲，他的未来会因此变得更加多姿多彩。

父母"过度操劳"，不如"足够信任"

在电影《白日梦想家》里，主角沃特·密提原本是一个性格内向的中年男人。他在杂志社工作，虽然勤勉，但因为性格放不开，总是不受重用。

他连自己心仪的对象都不敢靠近，上社交网站也写不出让人眼前一亮的优点。他真的太普通了，但他又比任何人都渴望不凡和成功。他一直铭记着公司的口号："开阔视野，冲破阻碍，看见世界。"

这句话一直在激励他，导致他经常会白日做梦，幻想自己已经踏遍了世界的各个角落，也幻想自己成了超级英雄。

他成了很多人眼中不正常的人，公司一个心术不正的领导还给他起了个绰号，叫"妄想机"。

直到杂志社快要关门大吉，最后一期杂志需要拿狂野摄影师尚恩寄过来的二十五号胶卷里的照片做封面，才引发了敬业的沃特后续一系列冒险和超越自我的旅程。

这里面最令我感动的，既不是沃特在鲨鱼嘴下逃离的瞬间，也不是冰岛火山爆发的瞬间，更不是他终于突破内心的障碍，成功向心仪女人表白的瞬间。而是那个无条件的，一直欣赏他、鼓励他的母亲眼睛里爱的光辉。

有一次他们在搬家的时候，沃特的母亲拿起一份载有儿子玩滑板夺得冠军照片的报纸，兴奋地说："你看看，这是你爸爸和你一起参加的比赛，他让全世界都知道了你的厉害。"

而沃特说："妈妈，这只是小镇的报纸哦。"但他妈妈却完全沉浸其中。后来，母亲得知儿子要寻找摄影师尚恩的时候，她看出了儿子的犹豫。或许是因为路途的艰险，或许是对结果的未知。总之，儿子犹豫了。

可这位对儿子爱得痴迷的母亲却表现出了英雄般的坚定："去吧，你去找他吧。"她的口气，就好像对待一个吃了早饭要去工作的儿子一样，稀松平常，毫无担心和怀疑。正因为有了母亲无条件的信任和支持，才有了沃特后来勇敢的旅程。

最后，当沃特兜转了一大圈终于找到尚恩时，却被对方告知，底片其实就藏在他给沃特的一个钱包里。

这个钱包在出发前，就被沃特丢到了垃圾桶内，但被细心的母亲捡了起来，最后又回到了沃特手里。

　　我曾认为一个人要实现梦想先要有计划，而后有执行力，最后要咬紧牙关坚持。

　　而现在我的看法变了，在这些前提下，还要有另一个人无条件的支持和信任，这趟旅程才会更加有动力。对于孩子来说，这个人最好是父母。

　　当孩子说："妈妈，你看，我可以做这个。"父母要立即抬头迎上去看，带着欣赏和享受的眼光。当孩子说："妈妈，我要去做那个，你可以和我一起吗？"父母最好立即起身，并且说："好啊，为什么不呢？"

　　当孩子说："妈妈，我为了这个梦想，等待了很长时间了。"那么，请不要长篇大论了，而是将他抱在怀里，然后轻轻地说一句："去吧，我相信你可以的。"

要做"资源取向型"父母，而不是"缺陷取向型"父母

最近有几个读者添加我的微信，都是来问我关于孩子的教养问题的。

我问他们："发生了什么事情呢？"

A 说："孩子不爱学习，整天就知道打游戏、玩手机。"

B 说："孩子不听话，你让他往东，他就往西，才十岁就无法沟通了……"

C 说："孩子脾气太坏了，一言不合就大吼大叫的，如果不揍他，他都能上天。"

他们三个人彼此并不认识，但言语出奇地一致，都是在喋喋不休地控诉孩子的问题和缺点。

当我分别问他们："你的孩子有做得好的地方吗？"

他们也同样沉默，支吾了好一会儿才说："我还真想不

出来。"

有教育学家说过，家庭教育的突出问题，是很多家长缺乏一双发现孩子优点的眼睛，每个孩子从一出生就面临被父母挑毛病的困境。

有的孩子更加有自尊心和自信心，就是因为他们的父母是拿着放大镜来养育孩子的，而这个放大镜的唯一功能，就是发现孩子的优势和优点。

家庭治疗领域的权威盛晓春也表达了同样的观点："两种不同的父母，可以造就孩子两种截然不同的人生。"

"缺陷取向型"父母：孩子怎么做，都是错的

曾经看过一档综艺节目，节目组在一些学校搭建舞台，给孩子们机会诉说自己的心声，无论是关于学校的还是家庭的，都可以畅所欲言。

我印象深刻的是一个初中女生，她上台表达了对妈妈的抗议："妈妈，从小到大你都只看到我的缺点，你总是说'谁谁谁'比我好，'谁谁谁'的成绩比我优秀。妈妈，难道我在您眼里，真的一丝优点都没有吗？"

女孩含着泪水喊出这些心里话时，在台下的妈妈回应道："我不是只看你的缺点，我一直说你有优点，比如，善

良啊，热情啊等。"

但说罢两个优点，又开始说教了："我只是希望你给自己多一些鞭策，让自己变得更优秀。"

这就是典型的"缺陷取向型"父母的风格，他们仿佛有某种使命，就是要把孩子全身上下的缺点都找出来，然后本着对孩子负责任的态度，一条一条说给孩子听。在他们的潜意识里有个信念：如果不把孩子的缺点都找出来，那孩子就会变得越来越差，他们的前途就会暗淡无光。

根据吸引力法则来看，当父母潜意识认定孩子身上一定存在很多缺点，父母的聚焦点就会集中在孩子做得不够好的地方，这些地方就会被无限放大。

另一方面，当孩子总是听父母说"你是不够好的"，孩子也会把这个"不够好"内化成对自己的评价，导致他们前进的动力不足，也导致他们无论多么努力，未来都无法肯定自己，欣赏自己。

"资源取向型"父母：家庭是孩子自由飞翔的天堂

曾经听过一个真实的故事，有对夫妻是大学教授，他们有两个儿子，一个从小就喜欢看书学习，每次考试都名列前茅，根本不需要父母管理和监督。

另一个则完全相反，对学习根本没有兴趣，每次考试几乎都是倒数第一。他每天回家后，不是去挖蚯蚓，就是去捉蜻蜓，有时候还把癞蛤蟆捉回来养在浴缸里。若是换作其他父母，重则打一顿，轻则骂他不务正业、不讲卫生等，然后让他悬崖勒马，向哥哥看齐。

　　但这对父母非常有智慧，他们懂得孩子之间是不同的，所以他们并没有武断地评价孩子不好，不求上进，反而觉得孩子别具一格，肯定是个与众不同的人才。

　　后来，他们不仅给孩子买来很多关于动物的书，带着他读，还在所有亲戚朋友面前，大力表扬老二是善于探索的孩子，与动物有着不解的缘分。

　　所以，虽然在学业成绩方面，两兄弟的表现天壤之别，但在父母眼里，他们却是同样健康和优秀的，只是发光发亮的方向不同而已。

　　孩子们在收到父母平等的欣赏和认同之后，都感受到自己的重要性和独特性，因此能够在自己擅长的领域发挥最大的潜能。

　　后来，哥哥在学习上高歌猛进，成了一名数学教授。而弟弟在父母的无条件支持下，也将自己的兴趣发挥到了极致，成了野生动物保护协会会员和动物科学研究员。

　　他们在回忆各自的成长经历时，纷纷表示："原本我们

　　　　　　　　　　　　　　　　　好的养育不焦虑

并没有觉得自己有那么好，但在父母眼里，我们却是有独特光芒的，这感觉太幸福了。"

是的。这正如《奇迹男孩》中的小男孩一样，哪怕自己在世俗人眼中，有着明显的劣势，但只要父母能够欣赏自己，世界就点亮了一盏灯，让自己永远不会感到卑微，反而能够在这个光的温暖下，获得最大的安全感。

练习两招，找到孩子的优势和资源

当我问 A、B、C 三位读者，你们平时是怎么表达对孩子的欣赏时，他们回答："你很棒，你好厉害。"

我告诉他们，这些听起来都是在表扬，但其实是空洞浮夸、缺乏实际价值的。

真正"资源取向型"的父母，他们通常利用的是以下两点。

第一，先找到孩子一个最明显的优势。

所谓最明显的优势，就是在亲戚朋友面前经常被提起的孩子的某个特点。比如，长得高、胃口好、讲卫生、动作快、有礼貌、爱分享……

总之，找到一个优势，并且以这个优势为中心做联想，联想到这个优势能给孩子带来的最大化利益。

长得高或许可以打篮球，给外形加分。讲卫生，是一种良好的修养，也对健康有利。动作快，可以全方位提高学习、生活和未来工作的效率。有礼貌和爱分享，是一种对社交非常有利的软实力……

第二，看到孩子某个你认为的缺点背后的资源。

这需要父母保持敏锐的觉察力和联想力。比如，A 的孩子喜欢玩手机和电脑，那么他对新鲜事物的吸收就比较快。父母可以利用这一点，向他请教关于网络和电脑操作的知识，这样他就会把平时打游戏的时间分出来，去获取更多新闻和科普资讯，那么他上网的意图就变得正向和积极了。

而 B 的孩子喜欢顶嘴，其实也代表了他具有思维敏捷、视角独特和知识面广的优势。父母日后可以示弱，在很多家庭事务方面，给孩子选择和做主的机会。孩子在被欣赏、被赋能之后，会体验到自己的价值，甘愿承担更多责任并做好自我管理。

最后一个是脾气大的孩子。愤怒也是一种能量，从心理学角度来说，会表达愤怒的孩子，比一直隐忍的孩子更加有力量。所以父母可以先肯定孩子的这种力量，并暗示他，他的体内一定是住着一头狮子，这头狮子也代表着一种巨大的潜能，只要他善于和它和平共处，孩子的未来就一定会非常了不起……

综上所述，所有孩子都如同一座宝藏，只要父母愿意相信孩子身上处处是资源，那么孩子也就会相信自己是有非凡的价值和意义的，他们就能在父母的循循善诱下，将自己的优势发挥到极致，在平凡的世界里，创造他们不平凡的人生。

不信你也来试试，做个"资源取向型"的父母，你的孩子不优秀都难。

最应该被关心的
就是父母

2019 年，一部由华裔导演执导的影片《包宝宝》，获得了奥斯卡最佳动画片奖，影片清晰地呈现了中国家庭教育的现状。

影片一播出，就遭遇很多负面评价，说中国父母不懂教育，只会过度保护和控制，给予孩子的只有束缚没有爱，孩子多可怜……

我却不这么认为，我觉得影片的母亲不是不懂教育，而是有另一个大的原因，她不幸福。教育和其他工作不同，考验的不是方法，而是你的身心状态。

一位母亲如果自己的需求没有被满足，她如何能满足孩子的需求呢？

要改变家庭教育的旧模式，莫过于全社会都来关心这些孤独无助的母亲。让她们活出生命质量，孩子自然能健康成长。

社会正在兴起家庭问责制

去年过年时和父母聊天，提到现在养孩子的艰难，以前一个母亲可以抚养三四个孩子，而现在三四个大人抚养一个孩子都觉得精疲力竭。

环境在发生改变，一切看似比以前更便捷，但养育孩子的要求也从保证温饱，上升到培养成才。

我们营造平等和自由的环境，给孩子足够的精神营养，让他们真正意义上达到健康发展的标准。

另一方面，当孩子的某些行为不符合规范，影响到集体和环境的利益，甚至只是成绩跟不上班级的要求时，家庭就理所应当地被问责。

你是不是没有时间陪伴孩子？

你是不是打骂孩子了？

你是不是没有给孩子树立规则？

你是不是没有引导孩子树立明确的目标和梦想？

……

是的，孩子是家庭的产物，人格和习惯都是在父母和家庭的影响下建立起来的。因此，孩子的表现略有瑕疵，父母就成了第一责任人。

当父母受到批评，有谁了解他们的感受？

读者 C 来找我咨询，说孩子经常在课堂上讲话，导致老师来投诉，甚至暗示 C 让孩子转学。

至于孩子话多的原因，老师直言不讳地说，是家庭规则建立不够导致的，言下之意就是父母太过纵容。为此，C 特别焦虑，一来不知道如何帮孩子；二来为没能培养一个"合格"的孩子感到自责。

她问我："需不需要我辞职，去陪伴孩子上学？"听了真的很心酸。她还透露孩子的爸爸也因此焦虑到失眠。

这样的经历我也有过，我的孩子原来就因为分离焦虑导致学校适应不良。那时候我的状态和 C 并无差异，无助、焦虑、恐慌。我甚至想到，只要孩子能带着笑容上学，我愿意付出任何代价。

天下的父母，其心并无二致，一旦有了孩子，就是在用尽自己的心血付出爱和关怀。然而，如果要论付出和回报比，是很容易让人产生挫败感的，因为抚养孩子是一个精细的过程，不是单一论财力和能力，而是综合这些后还要再加一条——父母的心力。

心力指父母是否有健全的人格，对养育是否足够有信心，以及有足够的时间和金钱来付出爱的行动。

残酷的现实是，这个标准，一半以上的人达不到。

全社会都在关心孩子的未来，鲜有人关心父母的状态

前几年，中央电视台有一部叫《镜子》的纪录片受到很多人的关注，我也一度诟病里面一些家长对孩子的"不当"教育。

然而某一天，当我和一个朋友讨论说，那里面一对夫妻整天要么忙于工作，要么忙着吵架，导致这个孩子每天都生活在混乱和孤独中，难怪会发展出网瘾。

当我在评判那对父母的时候，我全然是站在社会的角度，也是出于对孩子的怜悯，却忘了他们的父母也是血肉之躯，也在生活中挣扎。

我的朋友说："有没有人想过他的父母是不是有意这样做的呢？比如，有意吵架给孩子看，有意不开心，有意不关心孩子……"

这句话让我醍醐灌顶。是的，我们一味指责父母的时

候，有没有人给过父母一丝理解和关怀呢？

批判父母，并不能让孩子得到好处

我们都有这样的体会，女人在怀孕的时候，从家庭到社会，都会给予她很多关怀和保护，因为知道胎儿在妈妈腹中，胎儿的成长状态和妈妈的身心状态直接相关联。

可一旦孩子出生，焦点就从母亲身上转移到了孩子身上，是否吃饱穿暖，是否舒适愉快。一旦孩子出现状况，没有人关心母亲发生了什么，反而会质问母亲："你是怎么带孩子的！"

当孩子逐渐长大，这种状况更甚，你的孩子的成长如果很顺利还好，如果不够顺利，就会受到很多窥探和评判。

父母惩罚孩子不对，打骂更不对，不能指责，不能欺骗，不能宠溺……

当集体的潜意识一直在强调这些"不能"时，父母就自动内化了。当对照到自己生活，发现自己也曾犯过错之后，内心就开始给自己打叉号，开始否定自己所做的一切。

殊不知，父母开始否定自己时，往往也是孩子最容易出问题之时，因为原本父母应该给予孩子的力量，用来攻击自己了。

教育的前提是，父母能幸福起来

再回到动画片《包宝宝》。假如我们换个角度去分析，就会得出，这位母亲为什么要紧紧缠着自己的孩子？为什么要控制孩子？为什么离不开自己的孩子？

因为她婚姻不幸，所以孤独；她足不出户，所以得不到他人的支持和陪伴；她没有生活的目标和乐趣，所以缺乏自我价值感。那么依照这个线索，我们就知道她需要的不是改善养育方法，而是活出自身的生命价值。

第一，维持幸福的感情状态。

很多家长本末倒置，认为家庭重点是孩子，所以掏空自己去养孩子。其实这只是在进行物质满足，孩子的精神会匮乏，心里会内疚。因为牺牲换来的是亏欠，他无以为报。

只有当父母能彼此恩爱，或者分离了也能享受单身状态，父母身上都没有怨气和委屈，孩子不必为父母生活质量担忧，他的能量和动力才会很充足。

第二，父母是热爱生活的。

我的一个朋友，她和老公的工作都很普通，收入并不高，但孩子特别健康优秀，原因是他们都热爱生活。她喜欢厨艺，她老公喜欢打篮球。

她花样百出地做早饭，孩子每天胃口和心情都很好；而她老公经常带着孩子打篮球，孩子精力充沛，学习也就更棒了。

很多读者问："如何培养孩子的兴趣呢？"

其实根本不需要培养，你自己多点儿兴趣爱好，做给孩子看，孩子的兴趣就会被牵引出来，会活得更精彩。

第三，父母喜欢自己。

如何培养孩子自信？这也是很多父母的困惑。

除了一些创伤性经历，比如，被恶意打击或遇到较大的挫败。孩子的自信是被父母影响出来的。

父母昂首挺胸，孩子就不会畏畏缩缩；父母铿锵有力，孩子就不会声如蚊蝇。

换句话说，当父母喜欢自己的样子，认可自己的能力，坚信自己就是孩子最好的榜样，就解决了一个终极问题：他们对孩子不会感到焦虑和担忧。如此，孩子就一定能在轻松自如的环境下健康成长，超越父母，活出自我。

就像动画片最后那样，当父亲不再是家庭的过客时，母亲就有了基本的安全感，继而能带着笑容面对孩子，并且会有高质量的母爱流淌出来。

图书在版编目（CIP）数据

好的养育不焦虑 / 周周著 . — 北京：北京时代华文书局，2022.4
ISBN 978-7-5699-4569-0

Ⅰ . ①好… Ⅱ . ①周… Ⅲ . ①家庭教育 Ⅳ . ① G78

中国版本图书馆 CIP 数据核字（2022）第 045790 号

拼音书名｜Hao De YangYu Bu JiaoLü

出 版 人｜陈　涛
策划监制｜小马 BOOK
策划编辑｜小　北　李　格
特约编辑｜黎福安
营销编辑｜米若兰
责任编辑｜张超峰
责任校对｜薛　治
装帧设计｜琥珀视觉
内文制作｜刘龄蔓
责任印制｜訾　敬

出版发行｜北京时代华文书局 http://www.bjsdsj.com.cn
　　　　　北京市东城区安定门外大街 138 号皇城国际大厦 A 座 8 层
　　　　　邮编：100011　电话：010-64263661　64261528
印　　刷｜三河市嘉科万达彩色印刷有限公司　电话：0316-3156777
　　　　　（如发现印装质量问题，请与印刷厂联系调换）
开　　本｜880 mm × 1230 mm　1/32　印　张｜8.5　字　数｜170 千字
版　　次｜2023 年 1 月第 1 版　印　次｜2023 年 1 月第 1 次印刷
成品尺寸｜145 mm × 210 mm
定　　价｜48.00 元